The Ugly Duckling

미운오리새끼

지은이 백해경

- 서영대학교 임상병리과
- 호남대학교 생물학과 학사
- 전남대학교 생물학과 석사
- 전남대학교 생물과학 · 생명기술학과 박사 과정 수료

- 서영대학교 임상병리과 강사
- 동강대학교 임상병리과 겸임교수

- 광주기독병원 진단검사의학과 재직
- (사)한국인성연구원 이사

The Ugly Duckling

미운오리새끼

도서
출판 향지

권두언

미운오리새끼가 스스로 영원히 오리라고 생각하고 살면 평생 날지 못하고 연못에서 살게 될 것이다. 혹자는 '원래 오리가 아닌 백조였으니 어차피 백조가 될 아이다.'라고 할 수도 있다.

그러나 필자는 미운오리새끼가 자신이 백조라는 사실을 영원히 모를 수 있다고 가정하고 싶다. 어떠한 학설이 정의화 되고, 통용되려면 많은 검증과 축적된 통계 데이터가 수반되어야 한다. 그러나 통계의 수치에 넣기도 힘든 예외 부류가 너무나도 많고, 일부라고 해서 지나치는 것 또한 현명한 것은 아니다.

인간의 삶에서 자신이 백조라는 것을 모르고 사는 이들은 누구일까? 소위 문제라고 표현되는 우리 청소년이 아닐까 싶다. 필자는 모든 아이들의 사춘기를 백조가 되기 위한 털갈이 시기라고 생각한다.

아이들이 학습이나 능력배양 방법을 모르는 것은 잘못이 아니다. 청소년이 자기 길을 못 찾고 있을 때 그것을 방관하고 있는 주변 사람에게 더 잘못이 있는 것이다.

사춘기가 무엇인가? 몸은 성인인데 생각은 어려 스스로 혼동하는 시기를 말하는 것이다. 이 혼동의 아이들에게 자꾸 무엇을 요구하는 것 자체가 잘못된 것이다. 요구라는 것은 '필요'라는 단어를 수반한다. 그 '필요'는 사춘기의 백조가 아닌 요구하는 당신에게 있다.

이 책에는 엄청난 비기(秘記)의 학습방법도 없고, 정형화 된 공식도 없다. 공부를 잘하게 하는 비법의 책이 아니라는 것이다. 다만 당신의 아이가 어떻게 하면 백조가 될 수 있는지 필자의 경험을 통해 말하고 있다.

나도 나의 딸도 별 볼 일 없는 미운오리새끼였다.

PART 4. 나눔로또   123

TRAUMA

PART - 1

트라우마

뮌하우젠증후군
(Munchausen syndrome)

관심….

내가 한때 제일 싫어했던 노래는 '당신은 사랑받기 위해 태어난 사람'이라는 노래이다. 왜냐하면 나는 항상 나의 사랑은 반쪽이었다고 생각했고, 표현하기 힘든 어떠한 사랑을 그리워했기 때문이다.

얼마 전 미국에서 주변의 관심을 받고자 수년간 아들에게 고의적으로 소금을 먹여 죽인 여자가 있었다. 그 여자는 병원생활을 적은 육아일기를 자신의 블로그에 올려 많은 이에게 관심과 후원을 받았다. 이 여성은 뮌하우젠증후군이라는 정신질환 판단을 받았지만, 지은 죄가 중해 중형을 면할 수는 없었다.

사람들은 이 병을 탓할 뿐, 여성이 왜 이 병에 걸렸는지는 궁금해하지 않는다. 이 여성을 상담해 볼 일이 없으니 원인을 찾을 수는 없겠지만, 필자는 인성교육 상담을 하다보니, 많은 부모들에게서 이 질환을 엿볼 수가 있었다. 필자 역시 지나고 보니 유년기와 청소년기에 심각하게 이 질환을 앓고 있었다고 판단된다.

　뮌하우젠증후군을 간단히 설명해 보면, '관심을 받기 위해서 스스로를 파괴하는 일련의 행동'을 말하며, 우리말로 관심병이라고 해도 무방하다. 실제로 우리 주변에서 이런 사람들을 많이 볼 수 있다는 것이다.

　이 증후군의 문제는 겉으로는 타인을 배려하고 아주 선량해 보인다는 점이다. 그러나 이 증상이 악화되면 위의 여성과 같이 매우 심각한 범죄로 발전할 수도 있다. 이 질환자들은 타인의 감정에 대해 매우 민감하기 때문에 순간 대처 능력이 빨라 주변 사람이 병을 캐치하기 힘들고, 본인 스스로는 자신의 삶이 없어지고 타인만 의식한다는 데 위험성이 있다.

　어떠한 병이나, 어떠한 행위에 대한 결과는 반드시 그 원인이 있다. 그 원인을 찾아 들고 분석하여 좁혀나가다 보면 대부분의 원인은 가정 안에서 일어난다는 것이 더욱 놀라운 일이 아닐 수 없다.

그러나 많은 이들이 이를 인정하려 하지 않는다. 왜냐하면 눈에 넣어도 아프지 않을 내 새끼들이고, 부모가 없는 세상은 상상도 하기 싫은 아이들로 대부분의 가정이 구성되어 있기 때문이다.

실질적으로도 가장 아끼고 사랑하는 구성원들이다. 그러나 그 구성원들이 서로를 알게 모르게 억누르고 있다는 사실 또한 되돌아볼 줄도 알아야 한다.

필자는 항상 '사랑'이란 단어를 두려워했다. 그 단어는 내 삶에 있을 수 없을 것 같았고, 일어날 것 같지도 않았기 때문이다. 이 생각이 내 인생의 16년을 빼앗아 갔다. 빼앗긴 16년은 내 딸의 인생 16년도 빼앗아 갔다.

늦었다고 생각할 때가 가장 빠른 것이라고 누가 그랬나? 우리 모녀는 가장 빠른 길을 선택했고, 지나간 16년은 부끄럽지 않은 16년이 되었다. 왜냐하면 그 경험을 바탕으로 상처받고 있는 많은 이들에게 도움을 줄 수 있는 능력치로 바뀌어 있었기 때문이다.

필자에겐 이제 숨길 필요가 없는 16년의 과정을 여러분에게 알리고자 한다. 이 책의 마지막 페이지를 넘기는 순간 당신도 잃어버린 시간이 있다면 반드시 되찾을 수 있을 것이라 확신한다.

엄마가 오지를 않는다

엄마의 일기장….

그 일기장을 본 것은 내 일생일대의 실수였다. 왜냐하면 사랑만 받고 자라도 부족한 어린 나이에 엄마에게 응석도 못 부리고 엄마를 불쌍하게 생각하며 항상 배려하고 잘 보살펴야 한다고 생각하는, 부모 자식의 입장이 바뀐 계기가 되었기 때문이다.

자식도 부모를 아끼고 공경해야 한다고 반문할 수도 있겠지만, 나이가 문제다. 열 살 소녀가 겪어야 할 이 일이 내가 겪어야 될 일이라면 기분이 어떠한지 잠깐 입장을 바꿔서 생각해 보기를 바란다.

아버지는 어머니보다 19살이 많다. 요즘 같으면 도둑

놈 소리를 들으며 남들의 부러움을 한껏 받게 될 텐데 아버지는 그것을 잘 모르셨나 보다. 아니 엄마가 그것을 몰랐다. 아빠 아빠의 방식대로 사랑했는데 말이다.

누구의 잘못일까? 필자가 딸이 아닌 삼자의 관점에서 보았을 때 엄마의 일기장에서 엄마는 항상 피해자였다. 일기장 전체가 그랬었다. 행복이라는 단어는 볼 수가 없었고, 늘 떠나고 싶다는 말밖에 없었다.

9살도 아닌 19살이나 많은 남자랑 왜 결혼했을까? 부잣집에 가는 정략결혼도 물론 아니었다. 아버지는 어머니와 세 번째 결혼이었다. 내 또래의 아버지에 비해 흰머리가 많고 유독 나이 들어 보여 창피한 적도 있었지만 한 번도 아버지에게 물어본 적은 없다. 단지, 오래 전 외할머니에게 들은 바에 의하면 엄마가 아버지에게 겁탈을 당해 결혼하게 됐다는 얘기뿐이다. 그 시절엔 그랬었나 보다.

지금 내 기억으로는 아버지가 그렇게 나쁜 분은 아니었다. 다만 어린 신부와의 소통이 부족한 분이셨다. 무뚝뚝하시고 가족과 함께 하는 여행보다는 홀로 낚시를 많이 다니셨다. 우리들에게도 잘해 주셨지만, 엄마의 일기장을 본 이후로 우리 4자매에게 아빠는 혐오의 대상으로 바뀌었다.

열세 살 되던 해 겨울, 어느 날 학교를 다녀오니 엄마가 없다. 나간지도 몰랐다. 그러나 하루~ 하루~ 또 하루~ 계속 지나도 엄마는 오지를 않는다.

고문이 이런 느낌일가? 왜 오시지를 않을까? 왜 나간다고 말을 안 하셨을까? 돌아오지 않겠다고 말이라도 했으면 기다리지도 않았을 텐데….

하치코 이야기

우에노 교수의 출퇴근을 배웅하고 마중하는 하치코라는 멍멍이가 있었다. 비가 오나 눈이 오나 하루도 빠짐없이 아침저녁으로 주인을 배웅하고 마중하던 하치코에게 비극이 닥쳐온다.

출근한 우에노 교수가 학교에서 갑자기 사망하고 만 것이다. 주인의 죽음을 알 턱이 없었던 하치코는 밤이 늦도록 기다렸지만 교수를 만날 수가 없었다. 우에노 교수의 마지막 영결식 날에도 하치코는 교수를 맞이하기 위하여 시부야 역으로 나갔다.

하치코를 키울 사람이 없어 이집 저집 보내지는 와중에서도 하치코는 돌아오지 않는 교수를 마중 나가는 일을 매일같이 거르지 않았다. 그렇게 하루하루를 살아가면서 주인을 기다리고 마중하던 하치코의 행동은 어느덧 많은 사람들에게 알려져서 신문에 오르내렸지만, 유랑견이 되어 떠돌던 하치코는 13살의 짧은 생을 마감하였다.

하치코의 죽음이 알려지자 사람들은 그렇게 그리던 우에노 교수 무덤에 하치코를 함께 묻었다.

사진관 앞 울보

나는 하치코의 마음을 안다. 아버지는 작은 사진관을 운영하셨고, 그 사진관 앞으로 버스가 지나간다. 그 버스에서 언제 엄마가 활짝 웃으며 내릴까를 기다리며 사진관 앞에서 1년을 울고 앉아있었다. 버스가 도착하면 잔뜩 긴장하고 출입문만 바라보고 그 문에서 엄마의 모습이 보이지 않고 버스가 무정히 가 버릴 때면 울보는 또다시 울기 시작했다. 대체 그 많은 눈물은 어디에 있다가 나오는 것이었을까? 이 1년이 내 인생의 황금기를 돌멩이로 바꾸어 버릴지 이때는 몰랐었다.

우리는 4자매였다. 어느 날 학교를 오니 막내가 없다. 엄마가 데리고 간 것이다. 한편으론 날마다 엄마를 찾으며 울던 막내를 데려간 것이 다행이라 생각했지만, 사실 이것이 더 슬펐다. 왜 몰래 왔다 가셨을까? 왜 또 몰래 나는? 나는???

다정하던 아빠는 이때부터 폭력적으로 변해갔다. 하

루 하루를 술로 보냈고, 술을 마시면 언니를 때렸다. 큰 잘못도 없는 언니를 너무 심하게 때렸다. 왜 그리 언니를 때렸나 지금 생각해보니 언니는 아빠의 판박이였다. 아빠는 언니에게서 자신을 본 것이다. 그래서 스스로가 싫었고 자신을 학대하고 있었다.

'쟤네 엄마가 바람나서 집 나갔대~'

이 소리는 어린 우리 자매의 귀에 손쉽게 들려왔다. 아주 손쉽게…. 엄마 없는 것도 서러운데 우리는 그냥 죄인이 되었다. 엄마가 없는 1년 동안 우리 자매는 엄마가 없어졌다는 슬픔도 버거운데 우리를 더 힘들게 하는 것은 주변의 싸늘한 눈초리였다.

유럽에서 일본인과 한국인을 놓고 누가 좋냐고 하면 대부분 일본인이라고 한다. 그 이유를 조사해 보니 일본인은 남에게 피해를 안 주려 하는 것이 습관이 되어 있고, 우리나라 사람은 관심 안 가져도 되는데 필요 이상으로 남의 일에 관심을 가지는 것이 못마땅한 이유라 한다.

그러고 보니 또 관심병이다…. 도와주지 못할 것이면, 참견이라도 말자. 아니 참견했으면 욕이라도 하지 말자. 꼭 상처 받은 이들에게 돌까지 던져야 하겠는가?

이러한 말을 어린 자매들도 쉽게 듣는데 아버지라고

안 들으셨을까? 갑자기 사라져 버린 엄마가 정말 바람이
났는지 아무도 알 턱이 없기 때문이다. 이 불필요하고 아
무 도움 안 되는 관심이 아버지를 더욱 망가트렸다.

엄마는 포기할 수 없는 존재이다

내가 사랑하는 사람은 아무리 기다려도 오지 않았다. 내가 그 사랑을 직접 찾아야 했었다. 그때는 그것을 몰랐었다. 앞으로 펼쳐질 나의 인생에 이러한 일이 반복 될 것이라는 것을….

1년이 지나도 남은 세 자매는 엄마가 포기되지 않았다. 엄마는 원래 포기할 수 없는 존재이기 때문일까?

사고의 전환

똑같은 조건이라도 사람에 따라 다르게 반응한다. 내가 울고 있을 때, 언니는 엄마를 찾아다녔다. 그러다가 언니가 어디서 엄마 소식을 들었다. 바람나서 도망 간 것이 아니고, 외할머니 댁에 있는 것이었다.

망설임은 사치였고, 세 자매 누구하나 의논하지도 않았다. 바로 아빠 몰래 집을 나가 엄마를 찾아 갔다. 아빠에게 들킬까 봐 일부러 기차를 탔다. 혹시 아빠가 잡으러 올까 봐 불안했고, 엄마에게 가는 기차 안에서 난 아무 생각도 할 수가 없었다. 아니 살면서 그때만큼 생각을 많이 해 본 때가 있을까? 생각의 홍수였지만, 그 생각의 주제는 오직 하나였기 때문이다.

'엄마가 우리를 안 받아 주면 어쩌지?' 오직 이 한 구절이었다. 이 생각으로 다른 생각은 이 생각을 비집고 들어올 틈이 없었다.

거지 몰골의 우리 자매는 엄마를 만났고, 엄마가 어떻게 반응할 줄 몰라 서로가 보이는 시선에서 가만히 지켜보기만 했다. 울 수도 없었고 눈치만 봤다. 엄마의 눈에서 먼저 눈물이 터져 나왔고, 여수의 시골 한 촌구석은 다시 울음바다로 변했다.

엄마는 우리를 아버지에게 돌려보내지 않았다. 1년간의 슬픔이 종지부를 찍는 날이었다. 우리들은 안도했고, 엄마는 우리가 같이 살 집을 다음날부터 알아보고 조그마한 월세 방으로 이사를 가서 제2의 삶이 시작되었다.

엄마와 함께 시작한 새로운 인생은 작은 단칸방이지만 행복했다. 하지만 나는 항상 '엄마는 행복을 찾아 떠나갔는데 우리가 짐이 되지 않을까?' 하는 생각뿐이었고 어린 나이에도 그것이 늘 걱정스러웠다. 그래서 말썽 피우지 않는 착한 딸이 되어야만 했다. 의도하지 않는 애어른이 된 것이다.

언니는 공부도 안 하고 말썽을 피우는 걱정꺼리였지만, 나는 착한 딸, 엄마가 가장 믿고 의지하는 딸, 모든 일을 의논하는 듬직한 딸이 되었다. 그래서 엄마를 힘들게 하는 언니가 미웠다.

다시 학교를 다닐 때는 아무에게도 집안 이야기를 하지 않았다. 아니 할 수도 없었다. 아버지와 살던 시절 주변의 불필요한 관심에 대한 무서움을 알아버렸기에, 아무에게도 말할 수 없는 비밀이 나에게 생긴 것이다.

이 비밀의 삶을 살고 있던 어느 날, 아빠가 불쑥 찾아왔다. 깔끔하고 멋져도 모자랄 판에 아빠는 누가 봐도 늙고 병들어 가는 모습이었다. 엄마는 미칠 듯이 싫어했다. 엄마의 일기장에 세뇌되어 버린 우리도 미칠 듯이 싫었다. 아빠가 다시 우리의 삶을 깨 버릴 것 같은 두려움에 고래고래 소리 지르며 나가라고 했다.

나는 지금 생각해도 입에 담기도 힘든 모진 말을 아빠에게 해서 택시를 불러 태워 보내버렸다. 마침 아르바이트를 해서 받은 돈이 있었는데 그 돈을 몽땅 털어서 택시로 보내버렸다.

조금씩 철이 들기 시작한 19세 무렵, 불현듯 아빠가 보고 싶어 무작정 아빠의 사진관으로 향했다. 딸들에게까지 버림받은 충격 때문이었을까? 사진관은 운영을 안 한 지 오래되었고, 한쪽 골방에 누워있는 아빠는 누가 봐도 폐인의 모습이자 죽을 날을 앞둔 사람처럼 피폐해져 있었다.

　아빠는 키가 크고 잘 생기셨었다. 하나만 잃어버려도 슬픈 일인데. 한꺼번에 다섯을 잃은 슬픔을 누가 알 수 있겠는가? 그것이 바로 아버지다.

　아빠인데… 늘 낚시터에 데리고 다니시고 다른 자매들 몰래 나에게만 과자를 사주시던 아빠를 왜 몸서리치며 싫어했을까? 왜 우리는 같이 살 수 없었던 것일까? 아빠인데….

　시체처럼 누워있는 아빠는 얼마 동안이나 씻지 못하셨는지 온몸이 까맸다. 닦아드려야겠다는 생각이 들었다. 몇 번이고 빨아서 다시 닦아 드렸건만 물수건을 빨땐 걸레보다 더 더러운 구정물이 나왔다. 살이라고는 만져볼 수도 없었고 뼈만 앙상했다.

　그 다음 20살 되던 해 아빠는 멀리 가 버리셨다. 이미 돌아올 수 없는 강을 건너셨고, 아무것도 못해드렸다는 죄책감 중에서 그나마 목욕이라도 해 드린 것이 내 스스

24

로 위안이 되었지만 모진 말로 가슴에 대못을 박았던 기억은 오랫동안 나를 너무 괴롭게 했다. 아빠도 그렇게 느꼈을까?

아빠랑 살았던 시절은 어린 시절일 뿐이라 많은 기억이 나지는 않는다. 그러나 아빠가 해 준 이 말 하나는 나의 머리에서 떠나지를 않는다. '남에게 선물을 할 때 가장 크고 귀한 것으로 해라!'

백마 탄 공주

나에게 번호표란 없다.

엄마는 시장에서 배추장사를 했다. 서자의 슬픔을 아는가? 아버지를 아버지라 부를 수 없는… 난 그런 것은 아니었지만, 친구들에게 나의 가족 이야기를 도저히 할 수가 없었다. 집에 데리고 올 수도 없었고, 나의 가족을 궁금해 하는 친구들에게 변명하는 것도 쉬운 일은 아니었다.

그런데 나의 딸이 그랬다. 나와 똑같이… 나는 공부를 잘했지만 엄마가 고생하시는 게 싫어서 야간 실업계 고등학교를 갔다. 낮엔 시골 초등학교의 수업종을 치고 선생님들 심부름을 하는 급사였고, 밤엔 학교에 갔다. 정상적으로 학교 다니는 아이들을 볼 때마다 낮에 심부름을 하고 다니는 내 자신이 비참하게 느껴졌고, 학교 가는 아이들이 부러웠다. '아! 난 왜 이런 환경에서 태어났을까! 나는 반드시 성공하리라.'

은행 심부름이 많아 학교 갈 시간이 다가오면 엄청 초조해졌다. 1년을 울었건만 왜 아직 눈물이 남아있는 것일까? 나는 은행에서 울고 있었다. 학교 가야 하는데….

은행에서도 골칫거리였을 것이다. 웬 꼬마애가 어느 날 나타나 은행에서 울고 있으니 말이다. 점장님이 나와 대체 왜 그러냐고 물어봤다.

'난 학교 가야 하는 사람이에요~ 그런데 이 줄을 다 기다리면 학교에 갈 수가 없어요….' 그 다음날부터 난 줄을 서지 않았다.

필자는 착한 딸, 아니 착해야만 하는 딸로 어린 시절을 다 보냈다. 원치 않는 애어른 생활은 생각보다 쉽지 않고 가슴 아픈 일이다. 이 경험으로 현재 아이들을 상담할 때면 '자식으로 누려야 할 것은 누려라.'라고 말한다. 물론 부모에게도 왜 그래야만 하는지 나의 경험을 바탕으로 이해시킨다.

이 생활을 벗어나려면 성공하는 수밖에 없었고, 그 성공을 위해 부족한 시간을 쪼개어 공부를 했다. 그래서 나는 꼭 대학에 가야했다. 전문대였지만 임상병리과에 입학하였고 졸업 후 곧바로 취직을 했다.

누가 보면 그럴싸한 직장도 아니었겠지만 나에겐 나름 성공이었다. 그때 당시 내가 할 수 있는 최선을 다해 이룬 성과였다.

반드시 결혼하라!

소크라테스는 "어떤 수를 다해서도 결혼해라. 좋은 아내를 만나면 행복할 것이고, 나쁜 아내를 만나면 철학자가 될 것이다."라고 하였다. 소크라테스는 정말 존경받아야 하는 철학자가 맞나 보다. 지나온 20여 년을 돌아보면 난 불행한 여자에서 철학자, 그리고 다시 행복한 여자로 돌아와 있었다.

학창시절, 당시 나에게 있어 남자란 여자를 힘들게 하는 존재라고만 생각되었다. 남자도 싫었고 결혼은 더 무서웠다. 누가 나를 좋아하는 것 자체를 싫어했다. 내 인생에 방해가 된다고 생각했다.

그러나 싫어하려고 노력하는 것뿐이라는 것을 나중에 알았다. 나에겐 아빠 없이 자랐던 공백이 있었기 때문에 누군가 아빠의 역할을 해 주는 것 같으면 거기에 감동하고 의지하는 나를 보았다.

그래서 포근해 보이고 이해심 많은 한 남자랑 결혼을 했다. 그 남자는 시외버스 옆자리에 우연히 앉게 되어 몇 마디 얘기를 주고받았는데 직장으로 나를 찾아와 만남을 원했다. 몇 번이고 거절했지만 왠지 싫지 않았다. 인천이 직장이던 이 남자는 나와의 결혼을 위해 직장까지 옮겼고 자주 만나면서 나를 챙겨주며 편하게 해주었기에 결혼을 결심하게 되었다.

결혼 날을 받고 준비하던 중 나의 안도는 불안으로 바뀌기 시작했다. 그 남자에 대해 잘 알게 될수록 겁이 나기 시작했다. 이 남자는 나만이 아닌 모두에게 잘해주는 남자였다.

결혼식 날 엄청 울었다. 보통은 부모님과 헤어지는 것때문에 눈물이 난다던데 나는 불행을 직감하고 있었다. 하지만 돌이킬 수 없을 만큼 멀리 와버렸기에 결혼이라는 거대한 물줄기를 따라 구명조끼마저 챙겨 입지 못한 나는 몸을 맡기고 떠내려가고 있었다.

내가 사랑하는 사람은 오지 않는다

일주일에 삼 일

신혼 초다. 보통 신혼 기간에는 서로 출근하는 것도 아쉬워한다고 한다. 몇 시간이나 떨어져 있어야 하기 때문이다. 나에게 있어 그러한 러브스토리는 존재하지 않았다. 결혼식 날을 잡고부터 우리는 싸우기 시작했다. 어쩌면 내 마음이 불안해 꼬투리를 잡아 헤어질 구실을 찾고 있었나 보다. 이 남자는 집에 잘 안 들어왔다. 일주일에 3~4일은 기본이었다.

남편은 인기가 좋았다. 아니 인기가 많았다기보다 노름을 좋아하고 줏대가 없었다. 빨리 들어오라고 해도 말을 안 들었고, 사진관 앞에서 울면서 엄마를 기다리던 것처럼 24살 새댁은 대문 앞에서 골목에 비칠 남편의 그림자를 울면서 기다렸다.

11시면 들어오겠지, 12시까지만 놀고 들어오면 오는 시간도 있으니 1시면 들어올 거야. 스스로를 위로하며 일주일에 3~4일 새벽 2시까지 남편을 울면서 기다리며 지쳐서 잠들었다.

무작정 골목만 바라보고 기다리기 지쳐, 이제 남편이 안 들어오면 있을 만한 곳을 찾아다니기 시작했다. 13살 시절 엄마를 기다리던, 생각하기도 싫은 그 경험을 24살에 또 하고 있었고 너무 서러웠다.

남편을 찾아내면 옆에 여자 친구는 없었다. 친구들과 화투를 치고 있는 것이지 여자랑 있는 것이 아니었다. 직장으로 찾아오고 평생 행복하게만 해 줄 것 같은 이 남자는 누구의 말에도 싫다는 말을 하지 못하는 사람이었다.

그런데 빨리 들어오라는 내 말은 왜 듣지를 않는 것일까? 노름과 노름하자고 꼬드기는 친구들이 나보다 더 좋은 것이다. 나를 행복하게 해 줄 수 있는 남자를 찾는다는 발상 자체가 잘못된 것이었을까?

아직 아이도 없으니 이혼을 해야겠다는 생각이 머리를 다 메우고 전신을 감싸오기 시작했다. 평범하게 살고 싶은데 왜 그 평범이 나에겐 없는 것일까? 여자라면 누구나 결혼을 통한 행복을 추구한다. 이것이 환상일까? 아니면 나에게만 환상일까?

열심히 해도 안 되는 것이 있다면 당사자는 절망에 빠진다. 내가 그랬다. 내가 어디가 부족해서 그런가? 내가 무엇을 잘못했나? 끊임없는 자기학대적 생각 속에 나를 다그쳐만 갔다.

운명(運命)

필자는 운명이라는 단어를 좋아하지 않는다. 만약 모든 것이 정해져 있다면, 그것 자체를 상상도 하기 싫고, 지금 나에게 펼쳐지고 있는 모든 불행도 만약 정해진 운명이라면? 그 역시 너무 가혹했기 때문이다.

이 운명이라는 단어를 싫어했기에 끊임없이 노력했지만, 나아질 기미는 보이지 않았다. 그때 당시는 너무나도 괴로웠지만 훗날 이 괴로움은 운명을 거슬러 해탈과 같은 편안함으로 나를 인도해줄 안내자가 되었다.

임신 그리고 이별

　　며칠에 한 번씩 반복되는 남편의 외박에 점점 희망의 불씨가 꺼져가고 있을 때 임신을 하게 됐다. 그 사실을 알았을 때 나는 행복하지 않았다. 아니 겁이 나고 억울했다. 내 인생은 여기서 끝나는구나! 그 아이는 나처럼 아빠 없이 살 게 할 수 없으니 이혼은 안 돼! 하지만 나는 그 마음을 지켜낼 힘이 없었다. 내 자신이 너무 불행해서 견딜 수가 없었다.

　　임신 사실을 알면 남편이 바뀔 줄 알았다. 그러나 그것은 나의 희망사항일 뿐이었다. 배가 불러오기 시작해도 똑같았고, 만삭이 되어도 똑같았다.

　　이러한 현실과 그에 따르는 불안감은 뱃속의 아기에게도 미안했다. 어느 여자든 아이에게 태교를 해야 한다는 것을 다 알기 때문이다. 그러나 태교는커녕 매일같이 신세 한탄을 하고, 아이의 아빠와 헤어질 생각만 하고 있는 나 자신을 전환시킬 계기는 도저히 생기지 않았다.

만삭이 되고서도 남편을 대문 앞에 서서 기다렸다. 기다림은 어느 순간 분노가 되어 있었고, 아빠를 진저리나게 싫어했던 엄마처럼 나 역시 남편을 진저리치게 싫어하고 있었다. 아니 증오의 대상이 되어 있었다.

엄마를 사진관 앞에서 기다리던 13살
남편을 대문 앞에서 기다리던 25살
대문 앞에 있던 임신부는 13세 소녀였다.

이 사람이 나를 정말 사랑해서 결혼한 것일까?
대체 나와 왜 결혼한 것일까?
나는 이 사람을 정말 사랑해서 결혼한 것일까?
내가 죽으면 이 사람이 괴로워할까?

결과적으로 이 사람은 나를 불행하게 만드는 사람이었다. 또한 나 역시 이 사람을 사랑한 것은 아니었다. 따뜻한 가정을 이루길 원했기에 연애시절 나에게 포근하고 이해심 많은 그 남자를 의지했고 불행했던 어린 시절을 보상받고 싶어했다.

차라리 혼자였을 때는 내 힘으로 뭐든 할 수 있다는 자신감이 있었는데 이제는 그 자신감마저 사라져 버린다. 나에게 주어진 현실이 너무나도 괴로웠으니….

원치 않는 임신이었고, 임신 내내 아이로 인한 기쁨을 가져보지 못했지만, 태어난 아기는 이 세상 모든 것과 바꿀 수 없는 정말 예쁜 아이였다. 이 아이를 보고 다시 빛을 보게 되었다. 살면서 가장 행복한 순간이 언제였냐고 묻는다면 나는 생각할 필요 없이 대답한다. 아이를 낳고 옆에 뉘어놓고 젖 먹이며 지낸 분만휴가 30일!

그러나… 그 남자는 바뀌지 않았다. 결코 어느 것 하나도… 핏덩이를 두고 가장이 노름만 하고 다닌다는데 그 핏덩이를 위해서라도 난 결단을 해야 했다.

그래 이제 다시 혼자가 되는 거야….
난 잘 살 수 있어….
나를 기다리게 하는 사람은 용서할 수 없어….

남편이 들어오지 않는 어느 날 밤, 그 인간의 짐을 싸기 시작했다. 그 다음날 저녁에 무슨 봉사라도 하듯 들어오는 그 인간을 보자마자 짐을 던지고 쫓아냈다. 꿈을 버리고 행복을 선택했는데 행복은 없었다. 이제 나는 아무 것도 할 수가 없을 것 같았다.

훌륭한 사람이 된 사람에게는 훌륭한 부모나 훌륭한 스승이 있는 경우가 많다. 존 레논이 5살 때, 그의 엄마는 항상 "행복이 삶의 열쇠"라고 말씀하셨다고 한다.

존이 학교에 다니기 시작했는데, 선생님이 앞으로 커서 뭐가 되고 싶냐는 숙제를 냈고, 존은 '행복'이라고 적었다. 선생님은 존이 숙제를 이해하지 못하고 있다고 말했다. 그러자 존은 선생님에게 다음과 같이 말했다.

"선생님은 삶을 이해하지 못하고 있습니다."

그러나 그 당시는 행복 이전에 어떻게 삶을 살아야 하는지에 대한 생각밖에 할 수가 없었다. 그래서 내 핏덩이 역시 시골로 보낼 수밖에 없었다. 잘 살 수 있다며 혼자가 되었건만, 그 잘 살 수 있다는 것이 딸과 내가 아닌 나 혼자만의 이야기였을까?

그러나 사랑하는 딸과 떨어져 살 수밖에 없는 슬픔은 그래보지 않은 사람은 알기 힘들다. 말해 줘도 모른다. 그 가슴 저미는 슬픔을 표현할 단어는 이 세상에 없기 때문이다….

도대체 나에겐 행복이란 것이 올 수는 없는 것일까?
도대체 언제쯤 행복이 찾아올까?

그때는 그것을 몰랐다

지나고 보니 그때는 그것을 몰랐었다. 아니~ 알았다고 해도 어찌할 수가 없었다. 이것이 내가 싫어하는 운명이었을까?

동물은 말을 못하기에 몸으로 하는 말에 익숙하다고 한다. 개가 꼬리를 치거나, 입술을 들어 올리거나 하는 행동으로 자신의 의사를 표현한다.

사람 역시 입으로만 말하지 않는다. 눈으로 말하고 얼굴 표정으로 말하고, 행동으로도 말한다. 그러나 그러한 행동들을 철저히 닫고 입마저 닫고 있으면, 그 사람을 알아보기는 참으로 쉽지 않다.

유럽인이 처음으로 아메리카 대륙을 밟았을 때 인디

언은 호의적이었다. 그러나 유럽인들은 그들을 싫어했다. 감정 표현이 별로 없는 그들의 표정 때문이었다. 흔히 '옐로우 페이스'라고 하여 매우 혐오했고, 전쟁이 나서는 그 얼굴을 기억하기 싫어 얼굴 가죽을 벗겨버리는 만행도 서슴지 않고 행하였다.

추운 겨울을 난 나무는 봄에 꽃을 피운다. 이 나무는 지난해를 기억하고 있다. 앞으로 올 겨울도 알고 있다. 그래서 입이 넓은 나무는 겨울이 오기 전 자신의 이파리를 다 떨군다. 내년을 기약하면서….

사람도 나무와 같이 삶을 맞아들일 수 있으면 한결 편할텐데 사람은 그러기가 쉽지 않다. 그러나 지나간 과거를 잘 기억하고 경험으로 삼으면 다가올 겨울에 한결 편하게 대응할 수 있다.

우리는 이러한 모든 것을 주관하는 것을 마음이라고 부른다. 마음을 잘 알면 여러 가지 생활에 많은 도움이 된다.

心理學

심리학(心理學, psychology)은 인간의 행동과 심리과정을 과학적으로 연구하는 학문을 뜻한다. 심리학이라는 단어는 영혼이라는 뜻의 그리스어 psyche와 어떤 주제를 연구한다는 의미의 logos가 합쳐진 것이고, 초기에는 심리학을 '영혼에 대한 탐구'라고 하였다. 심리학은 19세기 후반이 되면서 '정신과학'으로 인정받게 되었고, 정신질환을 앓고 있는 이들에게 도움을 주기 시작한다.

심리학은 우리 내면의 과정에 대한 질문에 답을 구하는 분야라고 할 수 있다. 우리는 왜 생각하고 느끼며 행동하는지에 대해 답을 연구한다. 연구라는 것은 답이 아직 없다는 이야기다. 인류가 생겨난 이후로 아직까지 답이 없으니 앞으로도 없을 확률이 더 높다.

그래서 심리학의 정의를 내리는 데 많은 어려움이 있어서 심리학자들 간에는 심리학의 정의, 목표, 연구방법을 설명하는 데 이견이 매우 많다.

그러나 우리는 스스로 알고 있다. 내 마음이 왜 아픈지도 알고, 내 마음이 왜 기쁜지도 안다. 강한 충격은 아픔으로 남게 마련이다. 그렇지만 이 아픔을 성공으로 승화시키는 재주를 가진 사람도 있고, 그 아픔에 끄달려 평생을 노예로 사는 사람이 있다.

그때는 정말 몰랐을까?
아니다.
받아들이는 방법을 몰랐을 뿐이다.

원인은 멀리 있지 않았다

나중에 알게 된 것이지만, 이해할 수 없는 행동에는 반드시 이유가 있었다. 그 이유는 유전도 있지만, 환경에 의해 학습된 것이 더 강력했다. 그 학습이 좋은 것이라면 최상이지만, 이해할 수 없는 행동들은 대부분 나쁜 학습이고, 그 대부분의 학습은 가정에서 이루어졌다. 나처럼 말이다….

모든 생물은 생식을 통해서 자손을 남기는데 신체적인 특징은 눈으로도 확인이 된다. 그러나 눈에 보이지 않는 성격의 유전 역시 이루어지게 된다. 신체의 유전은 예전에는 바꿀 수 없는 것이었지만 지금은 성형수술을 통해 바꿀 수 있다. 성격 역시 바꾸기 힘들지만 교육이라는 성형수술을 통해 바꿀 수 있다.

문제는 자식이 바뀌기를 기대하면서 자식에게만 하는 교육은 효과가 없다는 것이다. 집에서는 부모가 윗사람이고, 부모의 의지대로 모든 것이 움직인다.

　아이의 어떠한 문제를 발견하고 아이가 교육을 통해 그것을 바꾸기로 할 때 아이가 아무리 바뀌려 노력해도 실질적으로 가정에서 바뀌는 것이 없다면 대부분 실패하고, 그 실패를 맛보게 되면 다시 고치기는 더 힘들게 된다.

　예를 들어 무언가를 만들고 있을 때 누가 자꾸 훼방을 놓으면 집중도가 떨어져서 그것을 성공할 확률이 떨어지는 이치와 같다.

　요즘 상담심리에 대한 자격증도 많고, 상담심리사를 배출하는 기관도 많다. 필자는 약간 다른 생각을 해 본다. 고기도 먹어 본 놈이 먹을 줄 안다고, 상담심리사는 마음의 상처를 치유하고 극복해 본 사람만이 다른 상처받은 이들의 마음을 이해할 수 있고 도와줄 수 있다는 것이다.

　심리라는 것은 개개인마다 너무 다양하기에 인류가 멸망하지 않는 한 연구가 계속될 학문이다. 즉 정답이 계속 바뀔 수 있다는 이야기다. 그러나 큰 틀에서 작용하는 것은 확인이 어렵지 않다. 다만 직접 겪어 본 사람이 그것을 더 잘 알고 있고, 본인 스스로 그것을 헤쳐 나가 본 사람이기에 더 쉽게 이끌어 줄 수 있는 것이다.

그대 눈길을 걸어갈 때
부디 어지럽게 걷지 말라!
오늘 내가 남긴 이 흔적들은
훗날 다른 사람의 이정표가 되기 때문이다.

踏雪野中去(답설야중거)
不須胡亂行(불수호란행)
今日我行跡(금일아행적)
遂作後人程(수작후인정)

서산대사의 시이다. 맞다. 바로 이와 같은 이치이다.
그래서 한국인성연구원에서는 상담원을 뽑을 때 자격증
보다는, 본인이 겪었던 트라우마나 그것을 이겨낸 경험
이 있는 이의 능력을 더 중시 여긴다.

또한 대부분 그러한 경험이 있는 자원봉사자들로 이
루어져 있다. 돈을 벌기 위해 상담사를 하기 위한 것이
아닌 실질적인 봉사 개념의 상담사이기에 시작부터 다르
다 할 수 있겠다.

멘토란?

현명하고 신뢰할 수 있는 상담 상대, 지도자, 스승의
의미로 쓰이는 말이다. '멘토'라는 단어는 오디세우스의
충실한 조언자의 이름에서 유래한다.

오디세우스가 트로이 전쟁에 출정하면서 집안일과 아들의 교육을 그의 친구인 멘토에게 맡긴다. 멘토는 오디세우스가 전쟁에서 돌아오기까지 10여 년 동안 왕자의 친구이자 선생, 상담자가 되어 그를 잘 돌보아 주었다. 이후로 멘토라는 그의 이름은 지혜와 신뢰로 한 사람의 인생을 이끌어 주는 지도자의 동의어로 사용되었다.

그렇다. 멘토는 친구이자 스승 상담자가 되어야 한다. 이는 먼저 경험해 본 이들이 잘할 수 있는 것이다. 아무런 사심 없이 진정으로 그들을 생각하는 이! 이것이 바로 멘토인 것이고, 나도 이 멘토들의 도움으로 변화되었으며, 지금은 나 또한 다른 사람의 멘토가 되어 있다.

미국의 오바마 대통령이 당신에게 무슨 영향을 미치는가?

한국 거의 절대 다수의 사람들에게 오바마는 큰 영향을 못 미칠 것이다. 당신에게 어떠한 영향을 미치는 사람은 주변인일 것이고, 그렇다면 아이에게 가장 큰 영향을 미치는 사람은 바로 부모인 것을 인지해야 한다.

결과적으로 아이에 문제가 있다면, 근본적인 원인은 부모에게 있다는 것이다. 왜냐하면 부모는 한 가정의 환경을 좋게도 나쁘게도 하는 첫째 원인이자 근본이기 때문이다.

멘토가 필요해~

나에게도 멘토가 있다. 내게 일어난 잘못된 모든 것들이 내 탓인 듯 괴로워하고 있을 때 내 탓이 아니라고 위로해 주신 분이고, 사랑받고 싶어서 그 사랑을 찾아 헤매고 있을 때 인간의 사랑이 얼마나 작고 하찮은 것인지 나에게 가르쳐 주신 분이다.

나는 그 멘토께 Mind Up 교육과 상담을 받았다. 십 년 가까운 긴 세월 동안 순리가 무엇인지 알아가고 자식을 어떻게 키워야 하는지를 배웠고 인생을 어떻게 살아야 하는지를 깨닫게 되었으며 진정한 사랑이 무엇인지 알게 됐다.

내 어릴 적 꿈은 슈바이처처럼 아픈 사람들을 위해 봉사하며 사는 것이었다. 내 자신조차도 사랑할 수 없는 사람이 어찌 다른 사람을 위해 살 수 있겠는가!

혹자는 뭐 그것이 배워야 하는 일이냐고 반문할 수도 있겠지만 이런 도움이 필요한 사람들이 주위에 많이 있다. 그렇게 생각하는 당신도 그 사람들 속에 속할지도 모른다. 스스로는 잘 살고 있다고 믿고 있어도 내가 사랑하는 방식이 내 가족에게 상처를 주거나 주변 사람들과의 관계 속에서 부딪침이 계속 되며 상처받고 있다면 분명 그 분에게는 자신을 돌아볼 시간이 필요하다.

이제 Mind Up 교육을 받으면서 자신의 상처들을 찾고 극복하면서 성장한 많은 분들이 Mind Up 지도자 과정을 마치고 청소년 인성캠프나 부모캠프, 그리고 상담실에서 청소년과 부모님들의 멘토가 되어 주고 있다.

자신이 혹은 자신의 자녀가 현재 미운오리새끼와 같이 느껴지며 백조가 될 용기가 필요하다면 그 멘토들을 직접 만나보길 권한다. 그러면 곧 깨닫게 된다. 원래 백조였음을….

PART - 2

잃어버린 16년

16YEARS

자학(自虐)

슬픈 영화의 여주인공

나는 왜 이렇게 태어났을까? 이러한 생각을 해 본 사람은 그 생각이 얼마나 비참한지 알 것이다. 이러한 생각을 해 본 사람은 철학가가 된다. 나를 알고 싶다고나 할까?

인간의 본질이나 근원을 탐구하는 것을 형이상학이라고 한다. '닭이 먼저냐? 달걀이 먼저냐?'를 논쟁하는 것과 같고, 그 해답은 아직까지 없다. '과학적으로 뭐가 먼저다~'라고 주장하는 이가 나오기도 하지만 설득력을 못 얻는다.

영생론이 팽배한 유럽에서도 한편에서는 형이상학적

논리의 숙제를 연구하였다. 반대로 형이상학적 논리를 종교로 눌러버린 것이 카톨릭이기도 하다.

진화론과 창조론

이 우주 만물이 창조의 산물인가? 진화의 산물인가? 창조론을 주장하는 기독교의 입장에서도 이 세계가 하나님의 창조의 산물이라는 증거를 제시할 수가 없는 입장이며, 진화론의 입장에서도 이 세계가 진화의 산물이라고 제시할 수 있는 과학적 증거는 없기 때문이며, 인간의 진화과정을 보여 주는 연결고리인 화석의 중간 단계가 명확하지 않기 때문이다.

이 세계가 창조의 산물이냐? 진화의 산물이냐? 하는 것은 오직 과학과 논리적 사고(思考)의 바탕 위에서 논의 되어야 하는데 그럴 수가 없다.

진화론이 힘을 못 얻는 이유는 돌멩이 하나도 저절로 생겨날 수 없는데 이 방대한 우주는 저절로 생겨날 수 있느냐? 하는 것이다. 창조론이 힘을 못 얻는 이유는 하나님이 창시자고 저절로 태어났다면 그 자체가 진화의 시작이기 때문이다.

윤회(輪廻 Samsara)

불교에서는 무지와 갈망은 윤회의 기초라고 한다. 인과법을 모르면, 헝클어진 실타래처럼 되어서, 즐거움이란 없는 지옥, 아귀, 축생과 윤회를 넘어서지 못한다고 한다. 그러면서 이 나쁜 윤회에 들지 않으려면 항상 선업을 쌓으라 가르친다.

불교는 사람의 행위에 있어 '선업, 불선업, 무기' 이렇게 세 가지로 구분한다. 선업은 말 그대로 좋은 행위이고, 불선업은 나쁜 행동, 무기는 선업도 불선업도 아닌 것을 말한다.

그렇다면 무기란 무엇일까?
없을 무(無) + 기록할 기(記) = 기록할 것이 없다.
무기란 표현은 업에 관계된다는 것을 알 수 있다.

다시 말해 의도가 개입되지 않은 업을 말하는 것이며, 중국식 표현으로는 염라대왕의 공책에 죄로 기록되지 않는다는 말이다.

예를 들자면 밤길을 가다가 나도 모르게 곤충을 밟아 죽이는 일 같은 것 말이다. 만약 이런 것도 다 죄가 된다면 인간은 '다음 생'에는 사람으로 태어나기를 포기해야만 한다.

난 욕심이 많았다

필자는 알 수가 없었다. 내 삶이 왜 이런지 말이다. 그래서 차라리 '내가 왜 이렇게 되었나?'를 돌아보기 시작했다. 그러다 보니 하나의 문제를 알게 되었다.

바로 욕심이 많은 것이었다. 모든 것에서 행복하기를 바랐다. 아이로서도~ 여자로서도~ 가정에서도~ 그러나 이것이 정말 욕심일까? 치가 떨렸다. 정말 이 정도의 바람도 욕심일까? 정말 포기해야만 하는 것일까?

이 고민을 10여 년간 했었다. 10여 년간의 종교와 철학을 넘나들던 고민이 아이의 소원을 듣는 순간 고민조차 사치가 되어 버렸다. 나는 그 순간 모든 것을 내려놓아야 했다.

아이를 낳고 싶지 않다

여자는 행복하지 않으면 아이를 낳고 싶어 하지 않는다. 마치 새들이 보금자리가 마련이 안 되면 알을 안 낳는 것과 같은 이치이다.

나는 언제부터인가 염세주의자가 되어 있었다. 염세주의란? 인간의 삶은 고통뿐이며 따라서 인생은 살만한 가치가 없다고 생각하는 것을 말한다. '나쁜'을 뜻하는 라틴어 malus의 최상급 pessimus에서 유래한 말이다.

나조차도 살기가 싫은데 아이는 나에게 무슨 소용일까? 다툼이 많은 가정에 아이가 들어서면 바뀌는 경우도 많다고 하지만 나에겐 그러한 일이 일어나지 않았다.

임신 기간 내내 행복한 기억이 없었다. 남들은 다 해

본다는, 입덧할 때 남편이 해 주는 무한 사랑도 받아본 기억이 없고, 고쳐지겠지 하는 기대와 집에 들어오지 않는 남편이 주는 실망감은 자살충동까지 느끼게 되었다.

임신하고 있는 동안 죽음을 생각했다. 태교라는 것은 생각할 겨를도 없었다. 출산하고 아이가 커 가는 과정을 돌아봤을 때 내가 임신 기간 동안 상상하고 생각했던 것을 아이는 행동으로 옮기고 있었다.

충격이었다. 이것이 어찌 아이의 잘못일까? 다 부덕한 나를 만나서 생긴 일인 것을… 임신 기간 동안 자살을 생각만 하고 행동으로 옮긴 적은 없다. 그러나 우리 아이는 어느 순간 매우 폭력적이 되어 있었고 자살을 시도하고 있었다.

임신 중에 태교라고 한 것은 피아노를 배우러 다닌 것이었는데 따지고 보면 태교도 아니다. 삶에 어떠한 기쁨도 없으니 그것을 풀어보고자 평소 하고 싶었던 것을 한 것뿐이었다.

이 부덕한 어미가 태교도 아닌 자신을 위해 한 것이 태교가 되어 지금 딸아이가 음악의 길을 걷고 있으니 미안하면서도 다행스럽고 고맙기만 하다.

행복한 부모는 자녀를 행복한 사람으로 기를 수 있다.

그러나 부모가 행복하지 않으면 자녀를 행복하게 만들기가 어렵다. 마음속에 해소되지 않은 상처가 가득한 사람은 마음과 행동으로 자녀에게 영향을 미치기 때문이다.

반면, 마음이 건강한 부모, 긍정적인 사고를 하는 부모는 아이들을 행복의 길로 안내할 수 있다. 부모 자신이 행복해지지 않으면 자녀를 양육하거나 교육함에 있어서 지속적인 사랑을 주기가 어렵고 자제력을 유지하기도 힘들기 때문이다.

아이들은 부모라는 거울을 통해 세상을 배우고 자신의 모습을 만들어간다. 부모가 자신을 향해 웃어주고 잘 반응해 주면 아이는 자신이 자랑스럽고 소중한 존재라 생각하며 자라게 되나, 반대로 부모가 웃어주지도 않고 관심이 없는 것처럼 보이면 아이는 자신이 중요하지 않은 존재라 생각하며 자라나게 되는 것이다.

부모가 어린 시절 자신의 부모로부터 온전한 사랑을 받지 못하고 자라면 성인이 되어서 정서적인 안정을 얻지 못한다. 잉태된 아이는 엄마의 마음을 여과 없이 그대로 수용한다. 그리고 태어나서 부모로부터 사랑받고 인정받고 싶은 욕구가 좌절되었을 때 받게 되는 마음의 상처는 평생을 살면서 지워지지 않는다.

부모의 불화로 불행했던 기억들, 남의 손에 길러지면

서 외로웠던 기억들, 부모의 사랑을 받지 못하고 자랐던 기억들 등은 해소되지 않은 감정으로 쌓이고, 관심 받지 못하고 인정받지 못했다는 상처가 어른이 되어서도 마음 한구석에 허전함으로 남게 되어 자녀를 통해 대리만족하고자 하는 욕구가 부모 자신도 모르게 생긴다.

자녀는 부모의 거울이다. 부모가 살면서 만들었던 마음은 자녀를 통해 표출된다. 부모가 어떤 마음으로, 어떤 삶을 살고 있느냐에 따라서 자녀가 부정적인 마음을 긍정의 마음으로 바꾸게 되고 긍정의 마음을 더욱 성장시키는 삶의 태도를 갖게 된다.

Mind Up 교육의 포인트는 자녀의 긍정적인 변화의 요인이 부모의 변화에 있다고 보고, 부모 자신의 마음을 성찰하게 하는 교육법이다.

그렇게 예쁜데….

음력 1월 1일. 그래도 설 명절이라고 시댁에 설을 쇠러 갔다. 그때도 남편은 시골 친구들과 술 마시러 나가고 집에 없었다. 시어머니 곁에 누워 있는데 갑자기 산통이 느껴졌다.

급히 병원으로 왔지만 산통이 너무 심했다. 타고난 신체가 작고 아이 머리가 커서 난산이었다. 어찌 어찌 애를 낳았고 그 핏덩이를 안고 하루 만에 집으로 돌아오는데 온 세상이 새 하얀 눈으로 덮여 있었다.

나는 태어나서 처음으로 행복한 30일을 보냈다. 그땐 아이를 보려고 남편이 일찍 집에 들어왔고 아이를 목욕시켜준 후에 나가서 놀았다. 난 그때 남편을 기다리지 않

왔다. 아니 그럴 필요가 없었다. 내 곁엔 예쁜 꼬마천사
가 있었으니까

애 낳고 하루 만에 시댁 식구들이 애를 보러왔다. 아
무리 결손가정에서 자란 나였지만 그래도 애 낳은 집에
삼칠일 동안 찾아가지 않는다는 정도는 알고 있다. 아니
아이가 보고 싶어 올 수도 있겠다. 그러나 아이와 산모를
배려해 일찍 돌아가는 것이 상식일 것이다.

그러나 아이는 잠깐 보고, 이어서 술판과 화투판이 벌
어졌고 신생아가 있는 집에서 담배를 피워댔다. 갈 줄을
몰랐다. 난산으로 몸조차 가누기 힘들었던 나는 그 상황
이 너무 힘들었다. 문을 닫아도 담배연기 냄새와 시끄러
운 소리, 아기와 산모가 누워 있는 방을 수시로 들락거렸
고 불편했지만 마음 상할까봐 돌아가란 말조차 하지 못
한 채 서러워서 또 울었다.

사람들에게 인기가 많고 역시 시댁에서도 인간성 좋
은 사람으로 평가받는 남편은 그 날도 사람들이 자기 집
에 모인 것이 좋았을지 모르겠다. 하지만 그 때 당시 나
의 인내심은 그 상황을 이해하고 받아들일 만큼 크거나
넓지 못했다.

서운한 일이 생길 때마다 나는 이 일을 들먹이며 남편
을 괴롭혔고 남편은 이 말을 듣는 것을 매우 싫어했다.

잘못을 인정했으면 될 터인데… 그렇지 못했다. 남편은 내 편이 아니었다.

이후 아이가 커 가는 7개월 동안에도 남편은 변하지 않았다. 노름은 병이라더니 병 맞았다. 이 인간은 인간이 아닌 정신병자 같았다. 위협적이고 폭력적인 남편은 아니었다. 오직 남들이 볼 때 순하고 착한이지만, 물러터지고 자기주장이라고는 없는 줏대 없는 인간이다.

난 정말 잽에 갔다. 어퍼컷 한방으로 갔으면 기분이 나쁘지도 않았을 것이다. 잽은 상대를 조롱하는 것과 같다. 나는 그 조롱의 잽을 2년간 맞으며 KO 된 것이다. 싱글맘이 된 나는 생계를 책임지며 애를 키울 수가 없었다. 그렇게 예쁜 핏덩이를 외숙모에게 맡겼는데 애가 3살 때 남편이 애를 훔쳐 갔다.

당시에 알았으면 정말 미쳐버릴 일이었지만, 외숙모가 나중에 말해서 어쩔 수 없이 안도의 숨을 쉬며 넘어갔다. 그러나 한편으로는 '그 인간도 지 새끼는 보고 싶어하는 구나~'라고 생각이 되었다.

그 인간은 아이에게 과자를 사 준다고 데려가서 시어머니에게 애를 보여주고 3일 만에 돌려줬다고 한다. 도대체 집에 잘 들어오는 것이 자식과 부인을 버리는 것보다 어려웠을까?

The Ugly Duckling Mind Up!

발상의 전환

부모의 삶은 대물림된다. 누구에겐 매우 행복한 일이지만, 누구에겐 정말 비참한 일이다. 남편과 쉽게 갈라서는 모습을 보고 자란 나에게 가족 구성원 사이의 화해와 용서는 본 적도 없고 배운 적도 없기 때문이다.

어디서부터 잘못된 것일까? 어떤 영향으로 그렇게 되었을까? 단지 환경에 의한 학습이라고 말하기엔 왠지 석연찮은 부분이 있다. 모두가 원래부터 그렇지는 않았을 테니 말이다. 여하튼 우리 부모님처럼 나는 싫으면 떠나면 된다고 학습되어 있었던 탓인지 싫으면 헤어지면 되는 것이었다.

이러한 현생의 모든 결과를 인도철학에서는 업(業)이라고 표현한다. 인도철학은 거의 불교의 학설이다. 나에게 행복이라는 단어가 찾아오기 전 필자는 나의 삶에 대해 항상 고뇌했다. 도대체 나의 인생은 왜 이런가? 지나가는 말로 업에 대해 한번 알아보자.

業

업(業)이란 빨리어로는 karman(깜마)라 하고 한역으로 갈마라 음역한다. 카르마라는 말도 많이 들어보았을 텐데 카르마(까르마 : karma)로 업과 같은 뜻이다. 이렇게 부르는 이유는 빨리어는 평민이 쓰는 언어이고, 산스크리스트어는 귀족이 쓰는 말이었다.

업이란 전세(前世)에 지은 소행 때문에 현세에서 받는 응보(應報)를 말하며, 우리는 흔히 인과응보(因果應報)라고 그 뜻을 알고 있다. 쉬운 말로 콩 심은데 콩 나고 팥 심은데 팥이 난다는 이야기다.

불교에서 업보사상(業報思想)은 매우 중요한 의미를 갖는다. 인간의 모든 현재적 행위는 다시 미래의 행위를 결정한다. 다시 말해 내 인생이 이러한 것은 전생의 업보 때문이라는 것이다.

나에게 현재 펼쳐진 상황이 괴롭다면, 다음 생에는 잘 되도록 선을 행하라 가르친다. 인간은 한시도 행위를 멈추고 살 수는 없다. 선한 일이든 악한 일이든 행위를 하게 마련이기 때문인데, 어차피 어떠한 행위를 하려면 그 행위는 반드시 선한 쪽에서 이루어지게 하도록 노력하라고 말한다.

기독교든 불교든 천주교든 종교라는 것은 인간의 많은 부분을 담당한다. 그러나 종교의 폐해 역시 언론을 통해 잊을 만하면 툭~ 툭~ 튀어 나온다. 어느 종교를 불문하고 말이다.

필자가 생각하는 종교란, 어느 종교를 막론하고 나쁜 것을 가르치는 종교는 없다. 다만 받아들이는 사람이 그 교지를 왜곡하고 잘못 행하기에 잘못되는 것이다.

한 예로 불교의 이러한 업보론은 티벳 역사에 크게 영향을 미쳤다. 티벳인들은 현생이 아닌 내생을 위해 사는 사람들이다. 그 결과로 강력하던 토번제국은 국가경쟁력을 잃어 중국에 침략당하고 나라를 잃고 만다.

기독교도 상황이 크게 다르지 않다. 교리 이념의 문제로 엄청난 전쟁의 소용돌이에 빠져 대륙 전체가 수세기 동안 스스로 지옥이 되어 헤아릴 수 없이 많은 사람이 죽었다. 이 모두 받아들이는 사람의 잘못된 소견 때문에 벌어지는 일이다.

필자에게 발상의 전환을 가져다 준 것은 기독교도 아

니요, 불교도 아닌 우습게도 어느 작은 단체의 교육프로그램이었다. 이것이 내 인생을 송두리째 바꿀 것이라고는 전혀 상상하지 못했었다.

Mind Up 프로그램은 나를 버릴 수 있는 과정을 이론으로만 말하는 것이 아닌 행동하는 실천으로 다가올 수 있게 하였다. 버리는 과정을 말이다….

첫 번째로 '기억된 감정을 버리는 과정'을 행할 때 나는 진정한 자유로움을 느꼈다. 그 감정을 버리면 버릴수록 마음은 더욱 더 평화를 얻고 자유로워졌다.

기억된 감정을 버리는 것은, 좋은 감정과 나쁜 감정을 모두 버리는 것이고, 이때 필자가 역점을 두어 행했던 것은 누군가를 미워하거나 너무 사랑하는 것도 나에게 괴로움이었기에 괴로움을 주는 모든 감정들을 버리고 마음의 평화를 얻는 것이었다.

마음 비우기

보통 사람은 마음속에서 일어나는 생각과 느낌, 감정을 '자기'라고 여기고 사는 경향이 있다. 마음에서 일어나는 수많은 생각과 느낌, 감정을 자기와 동일시하고 있기 때문에 스트레스와 괴로움에서 벗어나지 못한다.

마음에서 일어나는 현상을 마치 제삼자의 입장에서 보듯 관찰자의 입장에서 지켜보면 마음에서 일어나는 기억된 생각은 실재하는 것이 아니라 살면서 만들어진 관념일 뿐이라는 것을 알게 된다.

사람이 갖고 있는 마음의 근본 성질을 본성(本性)이라고 하고, 양심은 마음속에 입력된 사회적 규범인 관습, 도덕, 윤리, 법률 등이 정해놓은 기준을 따르려는 마음이다.

일반적으로 양심이란 선한 마음이라고 생각하지만, 그것은 절대적인 기준이 되지 못한다. 비록 작은 것이라도 남의 것을 몰래 가지면 양심의 가책을 받는 사람이 있는가 하면 그 정도는 대수롭지 않게 생각하는 사람도 있다.

사람들은 각자의 양심에 따라 '이것이 옳다. 저것은 틀리다.'하면서 선악 간에 옳고 그름을 판단하며 살아가지만 어떤 환경 속에서 어떻게 가르침을 받았느냐에 따라 저마다 생각하는 선악의 판단 기준이 다르다. 이렇게 양심은 사람마다 다르고 시대와 나라, 그리고 문화와 지역에 따라 많은 차이가 있기 때문에 선악을 분별하는 절대적인 기준이 될 수 없다.

마음속에 억압되고 상처받은 감정이 쌓여있다면 삶이 즐겁거나 행복하지 않다. 과거 경험에서 형성된 그 감정들을 해소하지 않으면 무기력, 의욕상실, 우울감 같은 더 무거운 감정들의 지배를 받아 내 의지대로 살아갈 수 없다. 따라서 반드시 과거의 상처, 억눌리고 억압시킨 감정을 기억 속에서 끄집어내어 바르게 풀고 해소하는 것이 중요하다.

속에 억눌러 쌓아놓은 감정이 배출구를 찾지 못하면 언젠가는 터져 나와 나를 공격하거나 상대를 공격하게 된다. 억압된 감정의 대부분은 우리가 직면하고 싶어 하지 않은 고통스러운 기억으로부터 온다. 따라서 과거 기

64

억을 떠올려 그 일이 일어났을 때처럼 그 때로 돌아가 억눌렀거나 상한 감정을 꺼내어 풀어내고 해소해야 한다.

기억된 생각은 '나'가 아니다. 그것은 머릿속에 저장된 하나의 관념일 뿐임을 알고 그것은 본래는 없었음을 인지하고 자각해야 한다.

우리가 평상시 '나'라고 하는 것도 알고 보면 과거 경험으로 학습된 자기와 다르지 않다. '나는 이런 사람이다 저런 사람이다'라고 하며 마치 고정된 자기가 있는 것처럼 여기고 살지만 그것은 사실은 과거 경험의 기억에서 나오는 생각이나 관념에 지나지 않는다.

우리는 경험정보에 의해 만들어진 자기를 진짜 나라고 여기고 그 자기에 집착하고 절대 바꾸려 하지 않는다. 그래서 항상 그 자기에게 끌려 다니며 산다. 부끄러운 자기, 부정적인 자기, 무기력한 자기, 열등감에 빠진 자기, 죄책감에 시달리는 자기 등 이런 기억을 자기라고 동일시하기에 과거를 벗어나지 못하고 과거를 반복하며 살아가게 된다. 상대라고 하는 것도 마찬가지다.

'저 사람은 이래, 저래'하고 평가하지만, 이는 실제의 상대가 아니라 과거 경험에서 학습된 나의 기억된 생각일 뿐이다.

본성은 어떤 경험 정보가 없는 깨끗한 백지와도 같은 상태임을 알아야 한다. 우리가 평소 마음이라 부르는 기억된 생각은 스크린 위에 비치는 영상과도 같다. 텅 빈 스크린이 없다면 영상은 존재할 수 없을 것이다. 그러나 영상은 없어도 스크린은 항상 그대로 존재한다.

즉 영상은 스크린이 없다면 있을 수 없지만 스크린은 영상에 관계없이 그대로 있다. 영상이 비치는 동안 영상은 스크린을 덮어가려 스크린이 보이지 않지만 영화가 끝나면 스크린은 원래 그대로 텅 빈 상태로 드러난다.

영상이 어떤 것이든 관계없이, 스크린은 아무런 영향을 받지 않은 것이다. 우리의 본성도 마찬가지다. 기억된 생각이 활동하는 동안 본성은 가려서 보이지 않지만 그렇다고 본성이 변하거나 없어지거나 한 것이 아니다. 기억된 생각이 없어지면 본성은 원래의 깨끗하고 텅 빈 상태 그대로 드러난다.

우리 마음은 지금까지 살아온 경험에 의해 형성이 되므로 조건에 따라 잘못되기도 하고 왜곡되기도 한다. 그러나 본성 그 자체는 지나온 삶의 경험 정보에 어떠한 영향을 받지 않고 원래의 맑고 깨끗한 상태로 그대로 있다는 것을 알았을 때 우리는 과거에 얽매이지 않고 새롭게 인생을 시작할 수 있는 것이다.

The Ugly Duckling Mind Up!

맛있는 것 먹어….

배고픈 딸

어느 순간 나는 내가 하고 싶어 했던 것에 열중해 있었다. 공부 말이다. 수민이가 제일 좋아하던 것은 대학원 내 실험실에 따라다니는 것이었다. 대학원 다니며 공부하는 엄마를 자랑스러워했다.

고등학생이 되어서도 엄마가 있는 병원에 오는 것을 좋아했다. 심지어는 조금만 아파도 입원시켜달라고 떼를 썼고 환자복을 입고 링거를 달고 엄마가 일하는 것을 보고 갔다. 수민이가 아빠만 사랑한다고 서운해 했지만 엄마를 무척이나 사랑하고 있던 것이 맞다.

내 공부하느라고 딸의 공부는 신경 쓰지도 않았고 성

적이 좋든 나쁘든 전혀 개의치 않았다. 논문을 쓰랴~ 공부하랴~ 하느라 딸 밥도 제대로 챙겨준 적 없는 나쁜 엄마였다. 자식이 어찌되든 자신의 삶을 위해 자식을 버리고 간 친정엄마와 같은 행동을 하고 있었던 것이다.

수민이가 초등학교 2학년 때 옆집 아주머니와 이야기를 했었다. 수민이는 저녁때가 되면, "아주머니, 우리 음식물 쓰레기 버릴 것 있는데 있으면 주세요~ 같이 버려드릴게요~" 라고 하고 옆집에 갔다고 한다. 수민이보다어린 아이가 3명 있었는데 그 애들을 봐 주고 놀아주면서 저녁밥을 얻어먹었다고 한다. 초등 2년생이 보모 역할을 한 것이다.

아주머니가 "수민아~ 도대체 너네 엄마 뭐하니?" 라고 물어보니 수민이는 맘 상해서 "우리 엄만 박사야~" 하고 화내고 가 버렸다고 한다.

수민이는 한동안 머슴밥을 먹었다. 어릴 때 밥을 잘 챙겨먹지 못해 음식에 대한 집착이 생긴 것일까? 아니면 사랑에 굶주린 배를 음식으로 채우고 있는 것일까? 수민이가 밥 먹는 것을 본 사람들은 하나같이 똑같은 말을 했다. "머슴밥을 먹는다."

아빠 없는 자리가 허전해서였는지 바쁜 엄마에게 사랑을 받지 못해서였는지 어른만큼 밥을 많이 먹어도 살이 찌지 않는 수민이를 보면서 가슴이 아팠다.

수민아~ 이제 많이 먹지 말고, 맛있게 먹기를 엄마가 기도한다. 집에 안 들어오는 남자 만나지 말고, 집에 잘 들어오고, 많은 것 말고 맛있는 것을 사 줄 수 있는 남자를 만나기를 엄마는 또 기원하고 기원한다. 내 사랑아….

나비효과

나비효과란? 어떤 일이 시작될 때 있었던 아주 작은 변화가 결과에서는 매우 큰 차이를 만들 수 있다는 이론을 말한다.

작은 일이라는 것은 쉽게 지나칠 수도 있지만, 나비효과대로 그 파급력이 커지게 된다면, 때에 따라서는 무서운 일이 될 수도 있다.

생태계에서 어떤 작은 변화가 일어나면 그 영향이 연쇄적으로 확대되어 생태계 전체에 큰 변화를 초래하는 경우가 있는데, 이러한 현상을 '방아쇠 효과'라고 한다.

미국에서 1907년부터 사슴을 보호할 목적으로 사람이 퓨마와 늑대를 포살하였다. 그 결과, 사슴의 개체 수는 급속히 증가하였지만 이에 따라 고원의 풀이 부족해서 약 15년 후에는 절반 이상의 사슴이 굶어죽는 사태가 있어났다.

방아쇠 효과든 나비 효과든 작은 일이라도 매우 큰 일로 번질 수 있고, 이는 어떠한 작은 행동이라도 신중해야 한다는 것을 말해 주고 있다.

스물여덟 살에 아이와 단둘이 남은 이혼녀가 있었다. 이 여인은 본인 상황 파악도 못하고 유모차를 밀고 동네 카페에 나가 글을 쓰기 시작했다.

원고를 탈고하고도 12군데 출판사에서의 거절 끝에 결국 한 출판사와 계약에 성공, 그 이후 현재 그녀의 재산은 무려 1조 130억 원이다. 바로 이 여인은 훗날 '해리포터' 시리즈로 영국 여왕보다 더 큰 부자가 된 조앤 롤링이다. 하버드대 졸업식 축사에서 그녀는 이렇게 말했다.

실패는 삶에서 불필요한 것들을 제거해 준다.
나는 내게 가장 중요한 작업을 마치는 데에
온 힘을 쏟아 부었다.
스스로를 기만하는 일을 그만두고
정말 중요한 일을 시작하라!

이 조앤 롤링의 시작은 글을 쓰고 싶다는 작은 생각에

서 시작되었고, 우리 수민이의 작은 시작은 놀으라고 사
다준 장난감 바이올린에서 시작되었다.

Turning point

나만 생각하고, 딸을 방치하고 딸의 장래에 대한 걱정
이라고는 해 본 적이 없는 미친 여자에게 아이의 방학은
그래도 신경 쓰이는 기간이었다. 학원 몇 개 다녀오더라도
하루 종일 집에만 있는 수민이가 걱정이 됐기 때문이다.

초등학교 6학년 여름 방학이 되자 아이를 보낼 수 있
는 곳을 찾게 되었고, 한국인성교육원에서 진행하는 14
박 15일 캠프를 알게 되었다. 프로그램 내용이 무엇인지
는 관심이 없었다. 보름 동안 딸을 맡아주기만 하면 되는
것이었으니 말이다.

캠프에 보내고 며칠이 지나자 반갑지 않은 전화가 왔
다. "요즘 아이하고 대화는 많이 하시나요?" 하며 부모
상담 요청이 들어왔기 때문이다. 나에게 수민이는 공부

는 못해도 착한 딸이기만 한데 뭐가 문제라는 것인지 의아했다.

상담을 받아보니 상담자가 바라본 수민이는 튀는 행동을 많이 하는데 그것이 관심이나 사랑을 받고 싶어서 하는 행동이라는 것이다. 이 조언을 들으니 기분이 나빴고 받아들이기 싫었다. 자기들이 알면 얼마나 안다고….

자기 PR시대인 요즘에 자신을 나타내는 행동이 이 아이의 장점일 수도 있는데 그것을 문제라고 말하니 말이다. 캠프가 끝나고 집으로 돌아온 딸은 착한 딸에서 변화하고 있었다.

착한 딸로만 알고 있던 딸이 곪아터진 딸이라는 것을 알게 되는 데는 그리 오랜 시간이 걸리지 않았다. 자기표현을 안 하던 아이였으니 알 길이 있었겠는가? 아니 그것을 모르던 내가 문제가 있었던 것이 맞다.

착한 딸이 자기주장을 하기 시작했다. 필자가 적응이 안 되기 시작했다. 엄마가 그랬던 것처럼 착한 딸이어야 하는데 점점 신경질이 많아지고 자기주장이 점점 세졌다. 상담사에게 들은 말도 있고 해서 캠프가 열릴 때마다 수민이를 맡겼다.

처음에는 내 삶의 편의를 위해 맡긴 것이라면, 두 번

째부터는 알 수 없는 기대감과 불안감이 교차하며 수민이를 맡기기 시작했다. 그러면서 부모 상담에 적극 참여하기 시작했다. 나만 알던 이기적인 나에게 딸을 위한 시간을 쪼개기 시작한 것이다. 상담 내용은 갈수록 설상가상이 되었다.

상담사가 전하는 수민이는…
친구들이 삼삼오오 모여 있으면 너무 불안하고 초조해 한다.
그 이유는 자기의 환경을 알아버릴까봐란다.
쟤 아빠 없대~

똑같은 삶을 딸에게 물려주고 있다는 것을 깨달았다. 나의 어린 시절과 판화로 찍은 듯 똑같았기 때문이다. 나역시 학창시절 친구들에게 나의 환경을 절대 비밀로 했다. 그 이유는 아빠 없는 것을 들킬까봐였는데 똑같았다. 똑같아….

하나 다른 것이 있다면 나는 아빠가 혐오의 대상이었지만, 아빠에 대해 어떠한 추억도 없는 수민이에게 아빠는 그리움의 대상이었다. 아빠를 모르는 수민에게 나는 '엄마는 아빠와 이혼한 나쁜 엄마이자 자신을 아빠 없이 자라게 한 장본인'이었다.

중학교에 올라가자 수민이는 엄마를 꾸짖으며 큰소리치기 시작했다. 내가 아빠를 싫어했던 것처럼 수민이는 아빠를 그리워하며 엄마를 싫어하는 것이었다. 집에서 만 그런 것이 아니었나 보다. 담임한테 전화가 오기 시작했다. 어떻게 할 줄도 몰랐고, 나아지겠지? 하는 기대만 하고 있을 수밖에 없었다.

중학교 2학년땐 학급에서 꼴등을 했고 엄마와 의견 충돌을 하거나 내가 화를 주체하지 못해 때리거나 언어 폭력을 할 때면 나중에 안 사실이지만 자신의 몸에 자해를 하기도 했다.

자해는 자기 학대이고, 이는 심리학 용어로 경계선 성격장애라고 한다. 경계선 성격장애는 불안정한 대인관계, 반복적인 자기 파괴적 행동, 극단적인 정서변화와 충동성을 나타내는 장애이다.

이는 다양한 상황에서 발생하지만, 버림받음을 피하기 위한 처절한 노력과 불안정한 대인관계, 자신이 어떠한 사람인지에 대한 개념이 없으며, 만성적인 공허감을 느끼고, 분노 조절에 어려움을 느끼며, 자신에게 손상을 줄 수 있는 충동성을 보이기에 자해 행동을 하기도 하며 자살 위험률이 높은 질환이다.

지난 일이기에 말할 수 있는 것이지 그때 당시는 '사춘기라서 그런가보다~'라고만 생각했다. 문제아를 둔 많은 부모들이 그렇게 느낄 것이다. 하필 사춘기에 이러한 질환을 앓게 되면 아이는 더욱 방황의 길로 빠져들게 마련이다.

나는 자칫 망쳐버릴 수도 있던 수민이를 놀러 보낸 캠프에서 구한 것이나 마찬가지이다. 무심코 던진 돌에 개구리가 맞아 죽은 것이 아닌 황금을 얻게 된 것이다.

캠프의 상담자는 다급한 나의 마음을 안정시켜 주었다. 아이에게 문제가 생겨도 성장과정이라고 판단하니 너무 조급하지 말고, 사람의 인성을 바로잡는 것이 손바닥 뒤집는 일은 아니라고 하였다. 어느 정도는 지켜봐 주고 다독여 주는 과정이 필요하고, 정작 아이가 바뀌려면 엄마도 바뀌어야 한다고 조언하였다.

뭐라고?
딸에 문제가 있는 것인데 나를 바꾸라고?
이것은 대체 무슨 논리인가?

자녀가 원하는 사랑을 주는 것

그곳에서 나에게 요구한 것은 '자녀가 원하는 사랑을 주는 것'이었다. 부모가 자녀의 올바른 인성을 바란다면 부모 자신으로부터 자기를 만족할 수 있는 사람이 되어야 했다. 내 어린 시절의 상처에서 벗어나지 못하고 과거에 상심했던 마음을 현재에도 그대로 가지고 있었기 때문에 결국 내 상처를 자녀에게 대물림하는 결과가 된 것이었다.

나는 자녀에게 정말 많은 사랑을 주고 있다고 생각하였지만 현실은 그렇지 않았다. 사랑을 주는 사람의 입장이 아니라 사랑을 받는 사람의 입장을 고려해야 하는데 나에겐 그것이 없었던 것이다.

내 입장에서 주는 사랑은 수민에게 사랑의 빈자리를 만들었고, 그 빈자리는 성장과정 내내 결핍으로 작용하였던 것이다. 더 나아가 수민이가 원하는 대로 해 주면 버릇이 나빠지고 문제가 생길 것이라는 고정관념 또한 있었는데 이것이 수민이를 더 답답하게 만들었다. 내가 성장하면서 채우지 못한 사랑을 수민이를 통해 얻고자 하는 마음뿐이었던 것이다.

인생 별거 아냐

요리 싫어하는 사람이 식당하면 성공할까? 사장입네~ 하면서 설거지를 기피하는 요릿집 사장은? 음식점 사장이 모든 것을 종업원에게 시키면 된다는 생각은 금물이다.

필자는 사업을 해 본 적은 없지만, 연구원상담실에서 상담을 하며 그들에게 얻은 교훈이 많다. 상담실에는 매우 다양한 부류의 사람이 찾는다. 조금 더 잘 되 보고자 오는 사람도 있지만, 사회에서 실패하여 격려의 말을 들으러 오는 사람이나 조언을 구하고자 오는 사람도 있다.

연구원에서의 상담사례로 볼 때 아이가 문제가 있다면, 가정에 문제가 있는 경우는 기본이라고 봐도 무방했다. 가정에 문제가 있을 때는 부모의 경제활동에 제약이 걸려 있는 경우가 많았는데 특히 자영업을 하다가 실패한 경우가 많았다.

우리나라의 경제구조 상 신이 내린 직장이라는 공무원과 공기업 직원이 아닌 이상 회사 자체의 정년을 보장하기는 힘들다. 그래서 인생 중년기에 자영업을 시도하는 사람이 제일 많은데 특별한 재주가 없던 이들은 거의 대부분 요식업을 하려 한다.

요리에 대한 기본 철학이 없는 상태에서 남들이 하니 자신도 따라 하는 경우인데 성공하기 힘든 케이스이다. 통계적으로도 창업 2년 안에 60%의 자영업자가 망하고 10년 안에는 90%가 망한다는 통계도 있다.

이렇게 살기 힘든 것은 개인의 능력도 문제가 있는 것이지만, 국가라는 부모도 국민이라는 자식을 잘못 돌보는 것이라 해도 크게 틀린 말은 아닐 것이다. 그러나 어쩌랴? 자식이 부모를 버릴 수 없듯 우리도 국가를 버릴 수 없는 것이다.

부모가 원하는 것은 아이가 잘 되는 것이다. 흔히 나도는 말 중에 '아이가 가장 잘 하는 것을 찾게 하라!'라는 말이 있다. 너무 많이 들어 식상할 정도이다. 그러나 이를 실천하는 부모는 그리 많지 않다.

그 이유는! 아이는 자기가 하고 싶은 것을 하려 하지만 부모가 이를 거부하고 공부만 시키려 한다는데 문제가 있는 것이다.

이렇게 되면 아이는 신데렐라 콤플렉스에 빠지고 만다. 이는 억압된 태도와 불안이 뒤얽혀 창의성과 의욕을 한껏 발휘하지 못하게 하는 일종의 미개발 상태로 묶어두는 심리상태를 일컫는 말이다.

신데렐라 콤플렉스의 특징은 의존성, 두려움, 열등감, 무기력증, 자신에 대한 회의와 공포심이 있다. 신데렐라 콤플렉스에 빠진 이는 어릴 때는 부모에게, 어른이 된 뒤에는 애인이나 남편에게 의지한다. 특히 일정한 나이를 먹으면 일생을 책임져 줄 남편감을 찾기에 급급해진다. 마치 필자가 그랬던 것처럼 말이다.

슬픈 비련의 여주인공으로 비춰지기 위해 구박받는 신데렐라를 자처하는 사람이 될 수도 있고, 자기의 인생을 뒤바꿔 줄 왕자를 기다리는 꿈을 깨지 못하고 꿈과 현실 사이에서 적응하지 못하게 된다. 무조건 공부만 시키려 하는 의도치고는 결과가 너무 참혹한 것이다.

필자는 아이가 중2였을 때부터 Mind Up 부모인성교육 프로그램을 시작했다. 다른 부모들은 아이를 공부 잘하게 하려는 노력이라도 했지만 난 그러한 것도 전혀 없었다. 어찌 보면 방치였지만 그것이 아이에게 도움이 된 것은 또 무슨 경우인가?

나에겐 교육방침이 있었다. 비록 애를 돌봐줄 사람이

없어 학원으로 돌렸지만, 어떠한 학원이든 한번 그만두면 다신 그 종목을 시키지 않았다. 그러니 아이는 무언가를 그만둘 때 쉽게 못 그만 두고 고찰하는 사고를 가졌다.

수민이는 유치원 시절 학습지를 풀기 위해 늦게 들어오는 엄마를 기다리곤 했다. 글을 잘 읽지 못했기 때문이다. 그런데 아무리 읽어줘도 문제를 이해하지 못하자 공부머리가 아니라고 생각하고 학습지를 끊어 버렸다. 나중에 안 사실이지만 수민이는 그때 학습지를 공부라고 생각하지 않고 엄마와 함께 무언가를 하는 놀이처럼 생각해서 엄마를 기다린 건데 엄마가 그걸 못하게 한 것이었다.

덕분에 공부하라는 잔소리를 듣지 않고 컸다. 그냥 내가 좋아했던 피아노와 미술학원만 보냈다. 피아노 역시 별 욕심 없이 시켰던 터라 선생님에게 특별히 부탁까지 했다. 잘 가르쳐 달라고 부탁한 것이 아니라 아이가 피아노 치는 것을 놀이라고 생각하게 해달라고… 숙제도 내주지 말고 그냥 놀다가게 해달라고 말이다.

이 또한 나중에 안 사실이지만 그 때 당시 처음 접한 음악이 장난감 바이올린이었고 피아노 학원마저 놀이터로 생각하고 다녔으니 수민에게 있어서 음악은 놀이이자 친구였고 배우는 것이 아닌 즐기는 것이었다. 이것은 음악적 영감을 갖게 된 계기가 되었다.

모든 부모는 자기 자식을 제일 잘 안다고 생각한다. 나 역시도 그랬다. 그런데 나를 전혀 몰랐다. 내 생각이 100% 옳았다고 생각했다. 인성연구원에서 부모들과 상담을 할 때면, 대부분의 부모에게 부모 스스로의 문제를 제시하면, 변형된 변명으로 자기 말만 한다. 상담가의 말도 안 듣는데 아이 말을 들으려 하겠는가? 들을 자세가 있고 없고를 떠나 그 가정은 가족 구성원 사이에서도 소통이 없고 단절되었다는 것을 의미한다.

나는 의사와 같아 병을 알고 약을 말하는 것이니,
약을 먹고 안 먹고는 의사의 허물이 아니다.
나는 길잡이와 같아 좋은 길로 사람을 인도하는 것이니,
듣고도 가지 않는 것은 길잡이의 허물이 아니다.[1]

1) 유교경

구관이 명관일까?

내가 지금까지 했던 선택 중 옳은 선택이 거의 없었
다. 왜냐하면 결과가 말을 해 주기 때문이다. 모든 것이
아니었다.

돈을 번 것도 아냐~
직장에서 성공한 것도 아냐~
가정이 행복한 것도 아냐~
여자로서 행복한 것도 아냐~

나에겐 전환이 필요했다. 그래서 나를 놔보기로 했다.
그러나 내가 미워하는 사람들을 그들의 입장에서 바라보
면서 이해하고 용서해보고 내가 가질 수 없는 것들에 대
한 목마름 또한 마음으로 해소해 보았지만 끝까지 내려
놓기 힘들었던 것이 바로 '여자로서의 행복'이었다.

그래서 맨 마지막까지 내 마음과 타협할 수 없었던 것이 바로 그 인간 남편이었다. 내가 원한 것은 오직 나를 사랑해 주는 남자 단 한 명이었는데 이 남자와의 짧은 결혼생활과 이혼을 통해 크나큰 자괴감에 빠졌기 때문이다.

'이제 난 아무것도 할 수 없는 불행한 여자가 되어 버렸어….'이 사람은 나를 불행하게 만든 제일 큰 장본인이었고, 남자라면 진저리를 치게 만든 장본인이었다.

수민이는 바이올린으로 말을 하고 노래를 한다. 그러나 하나 더 하는 노래가 있었다. 바로 "아빠랑 같이 살고 싶다." 라는 말이었다. 그 말을 들을 때마다 안쓰러움과 분노가 교차하였다. 그 인간이 어떤 인간인지도 모르면서….

수민이가 중3이었을 때 부모참여 캠프에 같이 동참을 했다. 그냥 딸과 함께 보내려는 가벼운 마음으로 참여를 한 것인데 여기서 내 인생과 아이의 인생이 바뀔지는 전혀 예상하지 못했다.

당시 프로그램 과정 중에 '고풀이'라는 프로그램이 있었다. 고(苦 : 괴로움)를 풀어버린다는 말이다. 이 프로그램은 사람들 많은 데서 하는 발표로 자신의 고충을 남들 앞에서 발표하는 것이었다.

우리 가족 차례가 되자 어떠한 말을 할까도 궁금했고,

이미 멘토 선생님을 통해 아이가 아빠 이야기를 했다는 말을 들었던 터라 두렵기도 했다. 역시 수민이의 소원은….

"다른 애들처럼 아빠랑 엄마랑 같이 살고 싶어요."

수민이의 말이 떨어지자 백여 명의 청중으로 메워진 강당에 정적이 흘렀다. 아니 그 누구도 이 말에 선뜻 반응을 한다면 그것이 더 이상한 것일 것이다.

가슴이 미어진다는 것이 이런 느낌일까? 하염없이 눈물이 흘렀다. 울 수밖에 없었고 막을 수도 없었다. 엄마가 울자 수민이도 울고, 두 모녀의 울음에 여기저기서 우는 소리가 들려왔다. 미칠 것만 같았다. 정적을 깨고 진행자가 물어봤다.

"어머니 딸의 소원을 들어 주실 수 있겠습니까?"

대답을 하기가 너무 힘들었다. 대답을 못하고 계속 울기만 했다. 너무 미안했다. 하지만 싫었다. 그래서 다른 말들을 둘러대기 시작했다. 음식점에 엄마랑 단둘이 가서 밥먹을 때 아빠랑 함께 온 다른 가족들을 보면서 수민이가 기분이 안 좋아 보였다는 둥 그 분위기에 어울리지 않는 말을 하면서 시간을 때우고 있었다. 그런 것은 아무렇지도 않다고 말하는 수민이의 목소리엔 목이 메인 서러움이 묻어있었다.

나를 완전히 놔야 하는 순간이었다. 시간이 얼마나 흐르는지 알 수도 없었다. 울음바다로 변해버린 강연장에 다시 정적이 흐르기 시작했다.

아이가 힘들었다는 것을 내가 모를 리가 있겠는가? 바로 내가 아빠 없이 산 사람이다. 생각해 보니 우리 딸이 나처럼 살고 있었다. 지긋지긋하고 기억하고 싶지도 않은 내 과거처럼 딸이 똑같이 살고 있다…….

그렇다면 앞으로 수민이도 나처럼… 상처받고 이혼한 내 삶과 똑같은 삶처럼 살게 되면… 난 정말 미칠 것이다. 내 엄마의 삶을 통해 나를 보고, 내 삶을 통해 딸이 보였다.

내가 지금껏 무엇을 위해 이렇게 살아 왔던가! 사랑받는 삶, 여자로서의 행복을 찾아 이혼을 했건만 딸아이 앞에서 나는 무너지고 있었다. 수민이의 소원은 그 캠프에서 이루어졌다. 레슬리 캐런은 다음과 같이 말했다.

큰 행복을 느끼기 위해선 큰 고통과 불행을 먼저 가져야 한다. 그렇지 않으면 이게 행복인지 어떻게 알겠는가?

그렇다. 나는 이 말이 정답이라는 것을 몸소 체험했다. 힘든 기간이었지만 말이다.

부모가 행복해지면 자녀 교육이 쉬워진다

돌이켜 보면 필자의 성장 과정에서 만들어진 자기중심적인 생각과 내가 항상 옳다는 생각 때문에 우리 부부의 갈등이 시작되었었다. 각자 살아온 환경이 다르다면 생각차이가 있음을 인정해야 하는데 내 생각만 옳다는 생각이 소통의 어려움을 겪게 되는 원인으로 작용하였다. 남편의 입장에서 객관적으로 바라볼 수 있는 마음이 되고나니 그 앙금이 조금씩 사라지기 시작했다.

금방 호떡 뒤집듯이 된 것은 아닌지만, 우리 부부가 서로 노력하는 모습을 보여주는 것만으로 수민이는 정서적으로 안정되고 자신에게 더욱 집중하기 시작했다.

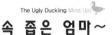

속 좁은 엄마~

나는 수민이가 했던 말을 가슴에 담아두고 있었다.

"가장 사랑하는 사람은 아빠"
"가장 원망스러운 사람은 엄마"

이 문장을 쓰니 또 서글퍼진다. 남편과 재결합 후 아빠와 엄마가 다투거나 아빠에 대해 안 좋은 소리를 할 때면 아이는 여지없이 아빠 편을 들었다. 그래서 나는 두고두고 여러 번 이 말을 아이한테 했던 것 같다. 그때마다 아이는 듣기 싫어했다. 너도 상처 받아봐라~ 하는 유치한 옹졸함이랄까?

16년이란 세월을 한 순간에 넘을 수는 없었다. 오랜 세월동안 혼자 지낸 탓에 불편한 점이 한두 가지가 아니었다. 그렇지만 내가 남편이 생겨서 좋은 이유를 하나씩 찾기 시작했다.

1. 저녁에 도둑이 들어도 일단 안심
   (사실상 별로 도움 안 된다. -_-)
2. 무거운 물건은 내가 안 들어도 됨
   (사실 남편은 수민이를 시킨다. 헐~)
3. 조경회사에 다니기 때문에 70세까지 일할 수 있다고 함
   (대신 건강해야 한다. ··)
4. 가끔씩 내 차를 세차해 준다
   (시켰을 때 엎드려 절 받기 식으로~)

그 후로도 많은 시간동안 정말 많은 노력을 해야 했다. 그리고 수민이의 이 말도 기억한다.

"나한테 소중한 사람한테 누가 함부로 대하는 것을 보니까 화가 났어요"

잔정이 없어서 애정표현을 못하는 아이는 엄마에게 소중한 사람이라고 말하고 있었다. 나는 열심히 키운다고 키웠건만 가장 원망스러운 사람이라는 말이 어찌 그리 서운했던지….

서운하면 지는 것이다. 그래서 그 또한 수용했다. 사람들은 듣기 좋은 소리를 좋아한다. 하지만 다른 사람의 쓴 소리를 바르게 경청할 수 있는 사람은 성장한다.

나는 지금도 내가 무엇을 고쳐야 하는지 배우는 과정에 있다. 아니 평생 갈 수도 있다. 나뿐만이 아닌 인간은 그래야 한다. 배울 수 있다는 것은 아직 살만한 세상이다. 그러나 사람들은 그 배움에 인색하고 놓고 싶어 한다.

필자는 언제나 다른 사람이 하는 쓴 소리를 마음으로 들으려고 노력한다. 그 과정은 참으로 힘들고 아프지만 그 아픔이 나를 좀 더 성숙한 인간으로 만들어 준다고 확신하기 때문이다.

그래서 나는 지금도 멘토가 필요하고 내가 받은 만큼 그 이상으로 다른 사람을 위해 살고 싶다. 어릴 적 전기문에서 읽은 슈바이처와 같이 무언가에 헌신하며 일생을 살고자 했던 소망이 지금은 한국인성연구원에서 부모교육의 멘토로서 재능 기부하는 삶으로 구체화되어 실현되고 있는 것이다.

Mother VS Daughter

PART - 3

무소의 뿔

스마일 마우스

티 안 내려고 억지로 웃는 슬픔을 아는가? 예전 사진을 보노라면 지금 사진보다 더 늙어 있다. 가식의 폐해를 내 얼굴이 말해 주고 있다.

스마일 마우스 증후군… 얼굴은 웃고 있지만 마음은 절망감으로 우는 사람들이 가진 증후군. 일명 숨겨진 우울증이라 하는 이 증후군은 겉으로는 웃고 있지만 속마음은 우울증으로, 심하면 자살까지 생각하게 되는 증후군이다.

주로 가족으로부터 받는 스트레스와 억압에서 오는 증후군으로 무시할 수 없는 증후군이며, 남들이 잘 알아볼 수 없기에 더욱 위험한 병이다.

삶의 가치를 어디에 두어야 하는가?

20대에는 여자로서의 행복한 삶만 꿈꿨었다. 아니 어찌 보면 그 꿈을 이룬 사람이 가장 행복한 사람일 수도 있다. 사람들은 자신의 삶에 스스로 동기부여를 하며 만족하며 살아간다.

옛말에 '여자는 장날을 몰라야 좋은 팔자다!'라고 했다. 쉬운 말로 하녀들이 모든 것을 다 하는 귀부인들을 지칭하는 말이다. 그러한 면에서 가정과 아이들에게만 충실할 수 있도록 조건이 갖추어진 사람은 분명 좋은 팔자임에는 이견이 없는 것이다.

필자가 삶에서 가장 위안을 삼았던 것은, 어린 딸의 되지도 않던 바이올린 연주다. 그 바이올린 소리가 내 삶의 위안이자 행복이었다. 딸아이는 엄마가 잠이 들 때 까지 바이올린 연주를 했고, 난 그 바이올린 소리에 마음을 놓고 잠이 들었다.

마냥 애기처럼 애기한테 의지하는 엄마를 두고 자장가를 켜는 딸의 마음은 어떠했을까? 난 내가 어머니에게 했던 행동을 딸아이가 하고 있다는 것을 모르고 있었다. 그것이 얼마나 힘든 것인지 잘 알면서도 말이다.

필자는 힘들 때면 이상하게도 아버지가 생각난다. 그

렇게 싫어하고 모질게 대했던 아버지 말이다. 우리 네 자매 중에서 아버지가 낚시 갈 때 유일하게 데리고 다녔던 자식은 오직 필자뿐이다. 가장 사랑하는 딸에게 가장 모진 말을 들은 아버지….

낚시를 할 줄 모르는 어린 나는 우렁을 잡는 것이 재미있었다. 조금 깊은 곳에 우렁이 보이면 아빠를 불러댔다.

"아빠~ 저기 우렁 잡아 줘~~!"
"너가 잡아보지 그러니?"
"거머리 있을 거잖아? 아빠가 잡아 줘~"
"거머리가 무서우면 세상을 어떻게 사니? 당당하게 잡아 와 봐~!"

그 이후로 우렁을 잡을 때는 아버지의 도움이 필요 없었다. 혼자가 될 때도, 이혼녀로 딸을 키울 때도, 어려움에 봉착할 때도 난 항상 그날을 기억하고 이겨냈다. 아버지 죄송합니다. 그리고 사랑합니다.

The Ugly Duckling Mind Up!

타고난다

씨도둑은 못한다. 10여 년 전에 서울대의 한 교수가 쓴 논문을 인용해 보자. 어릴 때 조기교육으로 10세 이전에는 거의 우열이 없다가 타고난 머리로 인해 '4학년, 중학교, 고등학교' 세 단계에서 우열이 갈린다는 내용이다. 그리고 자신의 타고난 재능은 전공과 관계없이 29세쯤 비로소 발휘된다는 연구 결과였다.

사람이 잘 되려면 여러 가지가 작용해야 한다. 무조건 공부만 닦달하는 것은 실패의 첫 번째 요소이다. 정말 자식을 잘 되게 하고 싶은가?

내가 잘하는 것을 아이도 잘한다. 그런데 내가 못했던 것을 잘하게 하려 한다. 이것이 대다수 부모가 범하는 우치인 것이다.

"대체 내 아이가 왜 이런지 모르겠어요~"라고 말을 하곤 한다. 정말 조심스럽게 말씀드려 본다면, 이 아이가 이러는 이유는 당신 때문입니다.

한국인성교육원의 주 교육방침은 '자신을 돌아보게 하여 스스로 알게 한다.'이다. 부모가 자신을 인정해야 비로소 교육이 시작된다.

그러기 위해서는 부모는 자식을 놓을 줄 알아야 한다. 부모가 자식을 놓았을 때! 그랬을 때 비로소 아이는 성장할 수 있다.

자식을 놓으라는 것은 자식을 방관하라는 것이 아니다. 예를 들어보자. 내 자식이 아닌 다른 아이가 어떠한 실수를 했다면 대부분의 남은 이해한다. '그럴 수도 있지~'하고 말이다. 그러나 내 자식이 어떠한 실수를 하면 절대 용납이 안 되고 세상이 무너지는 것처럼 난리가 난다.

모든 것이 인연대로 물이 흐르듯 가는 것… 그것이 바로 법이다. 그렇다면 법(法)이 무엇인가? 한문 뜻을 보면 '물 수 변에 갈 거 자'로 이루어져 있는 것을 알 수 있다. 물처럼 흘러가는 것이 법이다. 물은 돌이 있으면 돌을 지나쳐 가고 부유물이 있더라도 함께 가며, 고기들을 절대 끌고 가지 않는다. 타인의 삶에 자신의 의도함 없이 자신의 길을 가는 것이 바로 물이자 법인 것이다.

법은 규칙이자 인연이다. 사람의 삶에 있어 이러한 인연의 흐름을 방해하는 것은 바로 감정과 집착이다. 부모라는 이유 하나만으로 자식의 흐름을 막고 있다고는 생각해 본 적이 없는가?

필자의 삶을 되돌아보자면, 여자로서 행복하게 살고 싶다는 욕망을 먼저 버렸다. 포기라고 해도 좋다. 남들이 뭐라 해도 나의 욕망을 던져버림으로써 얻은 희열을 알고 있기 때문이다.

그러나 Mind Up 캠프에서 요구하는 '자식을 놔라'라는 교육방침은 절대 쉽게 따를 수 없었다. 내가 놔 버리면 이 아이의 인생을 누가 책임질 것이냐는 무한한 두려움 때문이었다.

잠깐만이라도 떠나 보자

그 어떠한 모든 집착과 자식에 대한 집착 중 어떤 것이 더 큰가? 부모에게 이러한 질문은 무의미하다. 물어보나 마나 자식이기 때문이다.

나한테 가장 소중한 것을 버릴 수 있는가?
우습게도 그래야 진정한 자유를 얻는다.
그게 나에게는 자식이었다!

자식을 버린다는 것은 자식에 대한 집착을 버린다는
뜻이다. 집착… 모든 것을 다 내려놓아도 가장 내려놓
기 힘든 것이 자식이었다. 나는 그 자식을 내려놓기로 했
다. 그 아이의 미래를 위해… 그리고 몇 년 후 우리 가족
에게 마술이 일어났다.

버리는 기다림

수민이를 믿고 기다려 줄 수 있는 마음을 낼 결정을
한 것은, 마치 수련과도 같은 내 성찰이 있었기에 가능했
다. 먼저 상대를 배려하고 수용할 수 있는 마음이 되도록
노력했다.

딸아이 스스로 자신을 책임지고 주도적으로 하고자하
는 힘이 내면에 있음을 믿은 것이다. 그러기 위해서는 필
자 스스로도 자기주도적인 삶을 살아왔다고 판단했기에
수민이도 할 수 있을 것이라 믿었고, 부정할 이유가 없었
다. 그래서 수민이를 객관적으로 바라보고, 믿고, 기다려
주었다.

나 혼자의 힘

나를 돌아보게 된 것은 내 힘이 아니었다. 교육과 의지의 조합이었다. 나를 돌아보는 힘! 그것을 받아들이게 되는 큰 원동력이 바로 교육이다. Mind Up 교육의 시작은 나를 놓는 것이고, 그래야 비로소 교육이 된다.

불교 이전의 인도철학에서는 아트만(Atman ; 자아(自我))을 찾기 위한 수행이었다. 아트만이란 인간 존재의 영원한 핵으로, 윤회의 주체라고 하였다. 이 아트만은 다른 신체기관과 기능이 작용하도록 하는 실질적인 인간의 주체라 하였다.

불멸 후 인도불교의 가장 큰 폐단은 나를 분석하려는데 있었다. 부처님께서는 집착을 버리기 위한 수행을 하라고 했지 나를 분석하라고 가르친 적은 없었다. 그러나 불멸 후의 불교는 교리를 연구하는 학파와 수행을 하는 학파로 나뉘었다. 그래서 아트만을 더욱 연구하였고, 아트만을 아무리 찾아도 밝힐 수가 없자 무아(無我)라는 단어가 나오고 또 다른 학파에서는 '아뢰아식'이라는 근복식이 있다고 주장하였다.

이 숙제들은 정답은 없었다. 서양철학에서 형이상학적 논리와 말만 다를 뿐 다람쥐 쳇바퀴와 같은 논리였기 때문이다.

Mind Up 교육에서는 나를 찾으라거나 수행을 하라고 하지 않는다. 다만 자신을 돌아보고 그 원인을 제거하기 위한 집착을 놓아야 한다고 말하고, 그 실천을 해 보라고 권유하고 있다. 그래서 그것을 해 보는 이는 곧 새로운 세계를 경험하게 된다.

마음이 안정되면 모든 상황이 좋아진다. 또한 마음이 안정되어야지 공부도 하고 운동도 하고, 여가도 즐기고 하는 것이다.

이 세상에는 잘난 사람이 너무 많다. 어떠한 사건이 벌어졌을 때, 칭찬하는 대화보다는 험담하는 대화에 사람들이 더 열을 띄게 된다. 했던 말 또 하고 또 하고 해도 지겨워하지도 않는다.

칭찬에 인색한 이유는, 칭찬이란 것은 남의 잘난 것을 인정해야 하는 분위기이기에 물개박수 치며 막 하기가 어색하다. 가까운 사람의 일이라면 더 하다. 그래서 우리 속담에 '사촌이 땅을 사면 배가 아프다.'라는 말이 나오는 것이다.

이제 한번 다 훌훌 털어보자. 돈 드는 일도 아니다. 이제 남을 지적하기보다는 칭찬을 주로 하고, 거슬리더라도 남의 말을 받아들여 보자. 옛말 틀린 것 하나 없다. 충언은 쓰지만 달다. 그러나 남을 폄하하기 위한 충언 아닌 충언이 많기에 우리는 그 옥석을 구분하기 지쳐 남의 말을 경시하는 습이 몸에 배어있다.

연예인들은 많은 사람들에게 부러움의 대상이다. 인기가 많을수록 돈을 많이 번다. 이들에게 사회활동은 매우 신중하고 조금만 잘못하면 스스로 큰 트라우마에 빠진다. 연예인들은 타인의 시각에서 자기를 바라보지 않는다. 전체의 시각에서 자기를 보려 노력한다. 이것이 대중의 사랑을 받고 자기를 인정받는 길이기 때문이다.

모순(矛盾)

우리는 어떠한 일에서 말의 앞뒤가 맞지 않을 때 '모순'이라는 말을 많이 쓴다.

초(楚)나라에 방패와 창을 파는 한 사람이 있었다. 그는 방패를 자랑하며 "이 방패는 굳고 단단해서 무엇으로도 뚫을 수 없습니다."라고 하고, 또 창을 자랑하여 "이 창의 날카로움으로 어떤 방패든지 못 뚫는 것이 없습니다."라고 했다. 그러자 어떤 사람이 물었다. "그대의 창으로 그대의 방패를 찌르면 어떻게 되겠소?" 그 사람은 아무 대꾸도 하지 못했다. 무릇 뚫리지 않는 방패와 못 뚫는 것이 없는 창은 이 세상에 함께 존재할 수가 없다.[2]

그렇다. 나는 모순 덩어리였다. 아니 모순 이전이라고 보는 것이 좋겠다. 지금 생각해 보면 그때 당시 난 30점

---

2) 한비자(韓非子) 〈난일(難一)〉

104

짜리였는데 100점짜리 남편을 원한 것이 문제였기 때문이다.

자신을 돌이켜 성찰해 보면, 스스로 그만큼 안다. 어느 누구도 스스로를 낮게 평가하고 싶어 하지는 않는다. 필자 역시도 그랬다. 지금 생각해 보니 그때의 모순이 보이는 것뿐이다.

누군가 멘토가 있어, 문제점을 지적해 주면 이해하고 고치려 노력하였을 것인데, 멘토가 없었다. 아니 있었어도 동급으로 생각하고 지나쳤을 확률이 더 많을 것이다.

멘토가 나에게 올까? 내가 가야 할까?

우리는 스스로의 삶에 있어 스승의 존재 여부를 심각하게 고민해 봐야 한다. 스승! 멘토! 남을 이끌어 줄만 한 레벨에 올라선 사람들은 어떠한 분야에 일대 개가를 이룬 사람들일 것이다.

이러한 사람들은 필자가 경험하기로는 두 부류로 나뉜다. 프라이드가 강한 사람과 봉사하는 사람이다. 프라이드가 강한 프로 멘토는 쉽게 남의 말에 흔들리지 않고 자기주장이 강하다. 봉사차원의 멘토는 프로이기도 하지만 가진 것도 많은 사람들이 많다. 가질 만큼 가졌으니 나누어야겠다는 생각이 많아진 분들이다.

프로 멘토는 제자를 찾아 나서지 않는다. 제자가 찾아가야 하고, 찾아가서도 제자가 되려는 것은 멘토의 선택이지 나의 선택이 아니다. 봉사정신의 멘토 역시 제자를 찾아가지는 않지만, 진입장벽은 낮다. 그러나 주변에 도움을 받으려 하는 사람이 너무 많다.

그러나 이러한 위대한 멘토들 말고라도 우리는 수많은 고수들을 그냥 자신의 감정에 휘말려 지나치는 경우가 너무나 많다. 그때는 모른다. 지나고 보면 아쉬울 뿐이다.

이러한 이유 때문일까? 절에 행자로 들어가면 정식 승려가 되기 전까지 두 가지 수행을 반복적으로 시킨다고 한다. 하나는 묵언(默言)이요, 또 하나는 마음을 낮추라는 하심(下心)이다.

묵언수행을 시키는 것은 하고 싶은 말도 참고, 자신을 낮출 수 있도록 하는 수행이다. 재화의 근본은 말에서 시작되는 경우가 너무나도 많다. 하고 싶은 말의 반만 참아도 나를 거부하는 사람들 반이 줄게 된다. 그러나 또 곰곰이 생각해 보자.

저들은 왜 내가 듣기 싫어하는 말을 하는가? 우리는 꽁짜인 조언들을 무시하고 경멸하지만, 프로 멘토들에게는 돈을 내고 고개를 숙이며 가르침을 청한다. 이것 역시 앞뒤가 안 맞는 모순 아닌가?

프로 멘토와 지적질 하는 사람의 차이는 수업료와 공짜의 차이인데 공짜라면 남는 장사가 맞는 것이다. 그러나 이들의 가치를 쉽게 판단하기도 어려운 것이 삶 자체가 남을 험담하고 그것을 안주 삼아 세상을 사는 사람 또한 있기 때문이다.

결과적으로 어떠한 배움을 원한다면, 프로 멘토를 선택할 때 그 사람의 능력과 지위를 보는 것이 맞다. 그러나 지적질 하는 사람들의 말을 듣게 된다면, 특히 여러 사람이 같은 지적을 할 경우에는 내가 고쳐야 할 부분이 있다는 것을 인정해야 한다.

유유상종

여하튼 내 젊은 날에 멘토는 누구였는지 잘 기억이 나지 않는다. 마냥 아버지가 했던 말 하나만 뇌리에 왔다 갔다 하곤 했을 뿐이다. 남에게 무엇인가를 줄 때는 크고 좋은 것을 주라는…

크고 좋은 것을 주려면, 내가 그것을 주더라도 아까운 마음이 들면 안 되기에 성공하고 싶었고, 그 성공을 위해 위인들의 전기를 읽으며 스스로를 단속해 나갈 뿐이었다.

무엇을 위한 성공을 꿈꿨는지는 생각해 보니 나도 잘 몰랐다. 세상 사람들이 말하는 성공은 돈과 지위였고, 그 목표 한계가 어디인지 필자 스스로도 잘 모른 체 열심히 공부하고 열심히 일하는 것만 반복적으로 하고 있었다.

그러다가 Mind Up 교육을 시작으로 하나하나 엉클어진 퍼즐을 맞추어 나가게 된다.

그들과 함께 공감하고, 돌아보고,
분석하게 되면 스스로 알게 된다.

유유상종

유유상종(類類相從)… 쉽게 말해 끼리끼리 논다는 것이다. 이 사자 성어는 굉장히 무서운 말일 수도, 반대로 굉장히 뿌듯한 말이 될 수도 있다.

인간은 자기 자신을 스스로 평가하는 것은 한계가 있다. 인간은 자기 몸에 바늘 하나 찌르지 못하는데 어떻게 자신을 냉정하게 평가까지 할 수 있겠나?

나를 알고 싶으면 내 주변 사람들을 보면 된다. 스스로 판단해도 내 주변 사람들이 별로이면, 과감히 그 무리를 벗어나려 노력해야 한다.

나는 스스로가 70점이라 생각하는 30점짜리의 모순덩어리였고, 80점은 된다고 생각했던 남편은 같은 30점짜리의 모순덩어리… 즉 우리는 같은 30점인 유유상종이었다. 안타깝게도 말이다. 더욱 큰 문제는 나와 남편 각자가 스스로 몇 점짜리인 줄도 몰랐고, 알 노력도 하지 않았다는 데 있다.

인성연구원에서 부부 상담을 하다보면, 언제나 같은 패턴의 사람들을 대하게 된다. 얼굴 모양과 행동만 다를 뿐 생각하는 것은 마치 국화빵 기계로 누른 듯 똑같다.

필자가 볼 때는 둘 다 문제인데, 부부는 각자 자기 말만 한다. 나이만 먹었지 갓난아이가 엄마에게 나 좀 봐달라고 우는 것과 전혀 다르지 않다.

재결합 이후의 시선 변화

혹자가 남편과 재결합하게 된 이유를 물었을 때, 항상 딸 때문이라고 했다. 왜냐하면 파혼의 이유가 100% 내 탓이라 생각해도 재결합은 싫었기 때문이다. 또한 내가 아무리 스스로 변했다고 생각해도, 그 사람은 안 변했을 것이라고 생각했기 때문에 정말 딸 때문인 것 맞다.

그냥 그 남자와 같이 사는 것 자체가 싫었다. 그러나 돌이켜보니 100% 내 탓이라고 생각해 주는 척을 한 것뿐이지 마음에서는 그렇게 말하고 있지 않았다.

곰곰이 생각해 보니 예전에 시도해 보지 않은 것이 있었는데 그것은 우습게도 '대화'였다. 예전에는 뭐가 그리 힘들었는지 대화하는 방법을 모르고 화만 냈다. 이렇게 말했으면 남편이 들어주었을까?

"사실 난 어린 시절의 아픔이 있어~ 난 누군가 나를 기다리게 하면 굉장히 괴로워, 그러니 날 기다리게 하지 않으면 안 될까?"

정말 별말 아니지 않은가? 별말도 아닌 것을 해 본 적이 없고 화만 냈다. 화만…

부부관계든 부모자식 관계든, 자기 문제를 먼저 찾는 사람이 현명한 것이다. 문제를 찾거나 누가 그 문제를 조언해 주었을 때 인정을 안 하게 되면, 당신은 많은 것에서 포기를 하게 된다. 포기라는 것은 많은 것을 잃게 만든다….

수민이를 위하여~

수민이가 잘 되기를 바란다면, 아니 잘 되기를 바라서 아이의 소원을 들어주었다면, 내가 결정한 일이니, 이 문제로 다시 아이를 괴롭히면 안 되었다. 딸아이가 열심히 공부하듯 나도 내 인생의 행복을 위해 열심히 노력해야 했다. 그것은 원만한 부부관계였다.

부부문제는 대부분 서로를 바라보는 시각의 차이에서 비롯되는 경우가 많은 것이다. 서로의 다른 성장배경을 이해하려고 노력해야 하였기에 우리 부부는 대화를 해 나가기 시작했다. 내 이야기만 하는 것이 아닌 서로의 불만과 요구사항을 대화를 통해 타협점을 찾아 나간 것이다.

자신이 자라온 성장배경에서 형성된 마음만이 옳다는 생각에서 벗어나 상대 입장에서 이해할 수 있는 마음의 구조를 갖추게 되었다.

그러자, 갈등이 수용의 과정을 거치면서 우리 부부는 서로를 바라보는 눈이 달라졌고, 이렇게 노력하는 우리의 모습 자체가 딸아이에게는 행복으로 다가갔다.

깨달음이 아닌 시작

영화를 보면, 킬링타임용의 영화도 있고, 보고나면 짜증나는 영화도 있다. 그러나 내 인생에 많은 것을 가져다 주는 영화도 있는데, 필자에겐 안성기 주연의 '꿈'이라는 영화가 그렇다.

때는 통일신라의 전성기. 조신은 십 년째 수행하고 있는 스님이다. 천성이 착하고 순하지만 어느 날 나들이 나온 달례라는 아가씨의 아름다운 자태를 보고 난 후 끓어오르는 애욕을 견디지 못한다. 결국 그녀를 겁간해버리고 만다.

그러나 달례는 이미 화랑 모례아손과 정혼한 몸이었다. 죄인이 된 조신과 어찌할 수 없이 그를 따라 나서는 달례. 모례의 집요한 추적에 어느 마을에서도 정착해 살 수 없는 그들은 화전민 생활을 하던 중 아들을 잃고 결국 달례는 창녀, 조신은 아편 중독의 폐인으로까지 전락하고 만다.

한편 자신이 문둥병에 걸렸음을 안 달례는 아편에서 헤어나지 못하고 있는 조신을 뒤로 한 채 딸 달보고를 데리고 떠나가 버린다.

수십 년 후, 걸인이 되어 떠돌아다니던 조신은 달례가 이미 죽었고 딸은 여승이 되었다는 소식을 듣는다. 바닷가에 초가집을 차려놓고 달례의 목상을 깎으며 속죄의 나날을 보내는 조신. 이런 그에게 칼을 찬 모례가 찾아오지만 세월의 흐름 속에 용서만이 구원의 길이었다. 다시 절을 찾아온 백발의 조신은 불당 앞에 쓰러진다. 그러나 이것은 한바탕의 꿈이었다.

이것이 한바탕 꿈이었다면?

꿈을 꾸고 일어났을 때, 안도의 숨을 내쉬게 되는 꿈도 있고, 아쉬운 꿈도 있다.

문득 일어나 부스스 주변을 돌아보니, 입가에는 침이 죽 흘러 말라 있고, 책을 쓰고 싶어 하는 평범한 중년의 아줌마가 원고를 집필하는 꿈이었다. 딸은 버클리는 커녕 한 때 음악을 하고 싶어 하던… 현재 커피숍 시간제

알바일 뿐이다. 무미건조한 남편이 불쑥 들어와서는 왜 아직 밥을 안 차렸냐고 화를 낸다. 나는 언제나 그랬던 것처럼 부랴부랴 저녁 반찬을 다시 고민하게 된다.

이 꿈이랑, 내 현실과 바꾸자면 난 나의 원래 삶을 택할 것 같다. 슬프기도 많이 슬펐지만, 그래도 내 인생에 있어 많은 교훈을 주었고, 정신적으로 성숙하게 만든 삶이었다.

내 인생을 꿈에 가두어 놓고, 그것이 헛된 망상이자 꿈이었다는 것을 아는 순간 많은 눈물을 흘렸다. 슬퍼서 운것이 아닌 그것을 알았다는 반성과 기쁨의 눈물이었다.

해탈?

나에게 있어 나의 꿈에서 깨어난 것을 깨달음이라고 생각하였다. 무슨 도인이 되었다는 소리가 아니고, 내 삶을 바로 알게 되었다는 의미인데, 이상하게 우리나라에서 '깨달음, 해탈'이라는 단어는 절에서 고승들만 쓰는 단어처럼 인식되고 있다.

정말 '해탈, 깨달음'이란 단어는 절에서만 써야하는 단어인가? 난 쓰면 안 되나?

해탈(解脫)이라는 단어 역시 벗어났다는 뜻이고, 불교

적으로 번뇌(고통)에서 벗어났다는 의미이다. 불교에서
말하는 해탈은 모든 번뇌에서 벗어났다는 뜻이지만, 일
반인들도 어느 한 부분에서 그 집착과 욕망에서 벗어났
다면 그것 역시 해탈이라고 생각한다.

解脫

낭중지추(囊中之錐)

낭중지추라는 말은 주머니 속의 송곳은 반드시 튀어 나온다는 말이다.

중국 전국 시대 말엽, 조나라 혜문왕(惠文王) 때 진(秦)나라가 침공했다. 힘이 약한 조나라는 초나라에 구원군을 요청하기 위해 외교 사절을 급파하기로 했다. 이 사절로 왕의 아우인 조승(趙勝)이 최적임자로 선출되었다.

그래서 평원군은 쓸 만한 재주꾼을 선발하여야 하는데, 재능 있고 말재간이 탁월하며 재치를 갖춘 인물이 보이지 않았다. 평원군이 고심하고 있을 때, 한 식객이 앞으로 나섰다.

"상공, 저를 데려가시지요."

"그대는 누군가?"

"모수(毛遂)라고 합니다."

"내 집에 와 있은 지 얼마나 되었는가?"

"삼 년째이옵니다."

그때 조승은 '낭중지추'라고 말한다.

"'뛰어난 재주는 주머니 속의 송곳처럼 밖으로 튀어나와 남의 눈에 띄는 법인데, 그대는 내 집에 온 지 삼 년이나 되었어도 튀어나온 적이 없지 않은가?"

그러자 모수는 이와 같이 말한다.

"송곳은 주머니에 들어가야 튀어 나오는 법인데, 주머니에 들어가질 않았으니 튀어나온 적도 없습니다."

이 재치 있는 대답에 당장 모수를 수행원으로 선발하여 함께 출발했다. 초나라에 도착한 평원군은 왕에게 동맹 체결을 역설했지만, 왕은 확실한 대답을 하지 않았다. 그러자 모수가 앞으로 나와 왕을 보며 큰 소리로 외쳤다.

"이익이 있다는 것은 명백한 이치인데, 왜 그처럼 망설이십니까?"

왕은 화가 치밀었다.

"저 버릇없는 자는 누구냐?"
"죄송합니다. 제 식객입니다."

평원군이 대답하자, 왕은 모수를 보고 말했다.

"과인은 너의 주인과 이야기하고 있다. 건방지게 끼어들지 말고 물러나 있으라!"

그러나 모수는 전혀 위축되지 않고 동맹을 역설했다. 비록 무례하기 짝이 없었지만, 왕은 자신도 모르게 그의 언변에 빨려 들어갔다. 마침내 완전히 설득당한 왕은….

"너의 말은 참으로 시의적절하다. 동맹을 허락하겠다."
"말씀만으로는 의미가 작습니다. 그만한 의식이 따라야 합니다."

이렇게 말한 모수는 비둘기와 개와 말의 피를 담은 술을 왕과 평원군 그리고 자신도 나누어 마시며 말했다.

"이로써 하늘이 내려다보는 앞에서 두 나라의 동맹은 결성되었습니다."

Yellow Chicken

주머니에 들어간 적이 없는 송곳이라… 부화하지 못한 달걀과 같다. 부화하지 못하면 닭은 절대 병아리가 되어 진실 된 세상을 볼 수가 없다. 달걀도 이미 세상에 나온 것이니 세상을 보긴 본 것이다.

그러나 껍질을 까고 나오기 전에는 결코 세상을 보았다고 할 수 없다. 뱃속에 있는 아이가 사람이기는 해도 온전한 사람이 되려면 엄마 몸속에서 나와야 세상을 보는 것과 같은 것이다.

세상을 바로 보는 것이 어찌 병아리가 되고 아기로 태어나는 것뿐이랴? 생명체는 수시로 태어난다. 필자는 소녀가 되어서는 인생의 쓴 맛을 먼저 보았고, 여자가 되어서는 환상은 환상일 뿐이라는 것도 알았고, 엄마가 되어서는 진정한 여자를 알았으며, 아이를 키우면서는 미래를 걱정하고 있었다.

나에게 있어 세상은 언제나 힘든 것이었다. 부화를 앞둔 병아리가 자신의 힘으로 알을 깨야 하는 어려움이었는데 그 껍질이 너무 두꺼웠다.

그때 누군가가 그 껍질을 두드려 나를 도와주었다. 그 껍질을 두드린 이는 수민이와 Mind Up 인성교육 프로그램이었다.

수민이가 아니었으면 인성교육을 할 기회도 없었을 것이다. 그러나 수민이도 나와 함께 알에서 나오려 몸부림치던 병아리였다. 수민이는 16살에 난 42살에 비로소 알을 깨고 세상을 보았다. 또 하나의 새로운 세상은 환희 그 자체였고, 이젠 다른 힘없는 병아리를 돌보려 노력하고 있다.

PART - 4

나눔로또

LOTTO

절대 음감

수민이가 6살 때….

그날도 누워서 멍하게 있었다. 착한 딸로 살려고 애쓰는 것이 어린아이에게는 너무 힘들다는 것을 알고 있는 나였지만, 6살 수민이를 착해야만 하는 딸로 만들어 가고 있었다. 난 가혹한 엄마다. 내가 13살 때도 그렇게 힘들었는데 6살을 그렇게 만들어 버렸으니….

방 한쪽 구석에서 인형을 만지작거리던 어린 딸은 한숨을 쉬며 밖으로 나갔다. 조금 있다가 방문이 열리더니 세숫대야에 출렁이게 물을 담고 이리저리 물을 흘리며 나에게 걸어왔다. 대체 무엇을 하려는 것일까?

세숫대야를 머리맡에 놓고 수건을 한 장 가져 와서는

물에 적셔 내 이마에 놓았다. 수민이가 열이 날 때 해 주던 것이었다. 엄마가 몸이 많이 아픈지 알았나 보다….

6살 아이의 손아귀 힘이 얼마나 있겠는가? 제대로 짜여지지 않은 수건에서는 물이 줄줄 흘렀다. 두 번 세 번 계속 반복을 했다. 줄줄 흐르는 물줄기가 많았을까? 내 눈물이 많았을까?

"엄마~ 아프지 마~"

흐느끼던 울음은 통곡으로 바뀌어 갔다. 이러면 안 되는데 이러면 안 되는데, 이러면 안 되는 줄 알면서도 어떻게 해야 할지도 어떻게 해야만 하는지도 알 수가 없었다. 그것은 슬픔으로 다가왔다.

자신감에 넘쳐 이혼하고 혼자의 길을 택했는데 이 세상은 내 맘대로 되지를 않았고 그 사실이 나를 더욱 처량하게 만들었다. 하지만 그날 다짐을 했다. 이 아이를 위해 열심히 살아야겠다. 다시 재기할 수 없을 것 같은 절망감 속에서 빛이 아닌 사명감이 생긴 것이다.

'여자가 아닌 엄마로 살아야겠다. 난 엄마구나….'

수민이에게는 해야만 하는 것이 아닌 즐기면서 살 수 있는 무언가를 해 주어야겠다는 아련한 생각이 있었다.

나는 공부 이전에 음악을 너무나도 좋아했다. 그러나 우리 집 형편에 음악 전공은커녕 피아노학원도 다닐 돈이 없었다.

내가 아무리 힘들어도 수민이는 음악을 배우게 하고 싶었다. 전공이 아닌 여자로서 누릴 음악이었다. 그 시작이 수민이가 여수에 맡겨져 자라던 4살 무렵 장난감으로 가지고 놀라고 사다 준 장난감 바이올린이었다.

갓난아이 때도 물론 엄마를 그리워했겠지만, 3살 4살이 되면 말을 더듬더듬 하며 엄마를 더욱 찾는다. 그런 것을 알면서도 내 공부와 내 직장을 핑계로 수민이와 떨어져 살았다.

수민이는 엄마가 얼마나 보고 싶었을까? 난 가혹한 여자였다. 적어도 난 그 나이 때는 부모 밑에서 살았으니… 수민이에게 몇 안 되는 장난감 중 바이올린은 그래도 좋아 보이는 장난감이자 자랑거리였다.

그래서 수민이는 항상 바이올린을 안고 살았고, 엄마 대신 바이올린과 대화를 하며, 엄마를 보고 싶을 때는 바이올린을 가지고 놀았으며, 엄마가 사 준 바이올린으로 연주를 해서 엄마에게 자랑을 하기 위해 어린 나이부터 말없는 바이올린을 멘토 삼아 자라왔다.

수민이가 이렇게 자라서일까? 아니면 원래 음악적 영감이 있어서일까? 수민이가 피아노를 배우기 시작하면서는 음악을 들으면 악보가 없어도 피아노를 치기 시작했다.

절대음감… 절대음감이었다!

절대음감(absolute pitch, perfect pitch)은 기준이 되는 다른 소리의 도움 없이 소리의 높이를 음이름으로 파악할 수 있는 능력을 말한다.

일반적으로 음악을 익히는 사람은 두 소리의 높이의 음정에 일정한 감각을 가지는데 보통 이것을 상대음감이라고 한다. 일반적으로 하나의 소리에 비해 다른 소리가 얼마나 높거나 낮은가 하는 것을 아는 일반적으로 학습된 능력이다.

그러나 절대음감은 소리 높이 자체에 대한 직접적인 인식 능력을 가지는 경우를 말하는데 어느 정도는 타고나야 하는 음악적 재능이다. 수민이에게 이 재능이 있었다.

바이올린은 애절한 소리를 내는 현악기이다. 음악을 가르치는 것이 아니라 즐기게 하라고 남들에게 조언을 해 주었지만, 더 근본으로 보면 우리 수민에게는 다른 것이 있었다.

그것은 자신의 감정을 바이올린에 담을 수 있는 아픈 추억이었다. 그래서 수민이의 바이올린 소리는 더 처량하고 애절하다….

애만도 못한 부모?

아이들은 부모가 상처받을까봐 부모에 대한 문제를 이야기하지 않는다. 결과적으로 애만도 못한 부모가 많다는 것이다.

참는 것도 한계가 있다는 말이 있다. 아이들 눈에 부모가 문제가 있다고 느끼면 이것을 속으로만 앓고 있지는 않는다. 참다 참다 하다보면 부모에게 실망하고 그 실망감은 분노로 이어진다.

이 분노하는 청소년들을 우리는 그냥 문제아라고 치부해 버리고 만다. 생각해 보자. 당신의 자식이 태어났을 핏덩이 때부터 문제아였고 폭력적이었는지 말이다.

아이에게 문제가 생겼을 경우 그 원인이 가정에 있을

확률이 매우 높다. 소극적이고 자기의사 표현을 잘 못하는 아이들도 마찬가지이다. 이러한 아이들은 아버지가 매우 가부장적이거나 부모가 자식을 다른 아이들과 매번 비교하여 질타하는 경우가 많다.

이러한 이유는 우리 삶에 유교문화가 강하게 뿌리박혀 있기 때문이다. 부모의 말에 절대적으로 복종해야 하는 문화였기에 그 오랜 관습은 지금도 남아 있다. 우리 아이들이 외국에 나갔을 때 외국 선생님들은 우리 한국 아이들이 잘 이해가 안 간다고 한다.

우리 아이들은 부모나 어른의 눈을 똑바로 보면 안 된다고 교육받아 왔고, 어른의 눈을 똑바로 쳐다보면 어른들은 반항으로 간주하고 "어디서 눈을 똑바로 뜨고 그래!" 하고 바로 질타가 나간다. 이 어이없는 문화 때문에 외국에서 우리 아이들은 자신감이 없거나 거짓말을 하고 있어 눈을 똑바로 쳐다보지 못하는 것이 그들에게 느껴진다고 한다. 안타까운 일이 아닐 수 없다.

결손가정 중에서도 편모나 편부보다 계모나 계부의 밑에서 자란 아이들에게 자주 나타나는 증상이 하나 있다. 바로 말더듬이다. 부모에게도 함부로 자기 의사를 표현 못하는 문화인데, 계모나 계부면 더 말할 것도 없다. 계모나 계부라도 각자의 자식이 섞이지 않고 한편의 자식들이 있거나 하면 조금 괜찮은데 계모가 들어와 자신의 자식을 낳을 경우에 기존의 자식들은 더욱 더 설 자리가 없어진다.

이러한 가정에서 계모가 어떠한 문제를 지적하면 당사자는 매우 두려움을 느끼고, 계모의 자식을 예뻐하는 모습을 보면 편애 당한다는 괴로움에 아이는 더 고통 받는다. 이러한 상황에서 자라난 사람은 자기의사 표현을 잘 못하고 심하면 말더듬이 되는 경우가 많다.

필자도 이 부분에서는 죄인이다. 그렇다고 성격 차이로 고통 받는 여러 부부들에게 무조건 아이를 봐서 참으라고 하기도 힘든 일이다. 정상적인 부부관계인 사람들은 잘 모르겠지만, 마음이 안 맞는데 같이 사는 것은 그 삶 자체가 지옥이기 때문이다.

그러나 이러한 것은 꾸준한 대화와 소통 그리고 교육으로 반드시 바뀔 수 있다는 것을 필자는 몸소 체험했다.

애만도 못한 선생님?

선생님의 자질? 굉장히 조심스러운 말이다. 그러나 이 부분을 간과할 수 없는 이유는 결국은 선생님도 부모와 같은 존재이기 때문이다.

사람이 태어나서 인간다운 삶을 살려면 반드시 교육이 동반되어야 한다. 부모는 아이들에게 할 수 있는 학업 교육능력이 떨어진다. 그래서 학교에 보내는 것이다. 그럼 부모는 애만 낳고 학교만 보내면 땡인가??

부모도 선생님이 되어야 한다. 다만 공부를 가르치는 선생님이 아닌 아이 전반의 인성이 원만히 이루어질 수 있도록 많은 노력을 해야 한다. 그것이 부모의 역할이다. 부모 역시 교육자가 되어야 한다는 것이다.

그러나 우리의 부모들은 자식들에게 공부만 요구한다. 정확히 말해 현명하지 못한 부모이다. 학창시절에 미적분과 함수를 거의 대부분의 사람이 배웠을 것이다. 그것을 써 먹는 사람이 얼마나 있을까? 필자도 전혀 기억이 안 나고 써 먹지도 않는다.

나라를 바꿀 수는 없으니 현 우리나라의 교육방침대로 대부분 따라가야겠지만, 교육은 어떠한 학문을 배우는 것이 교육이 아닌 것이다.

학원에서 다 배운다?

요즘 대부분의 아이들은 학원에서 다 공부를 배운다. 그렇다면 실질적으로 교육시간의 대부분을 보내는 학교에서는 무엇을 가르치는 것인가?

한 학급에 모인 아이들의 능력은 다 제각각이다. 선생님은 이 아이들 각자의 수준에 맞게 개별적 교육을 할 수는 없다. 어느 한 부류만 공부를 배우게 된다는 것인데 보통 중상위 수준으로 강의를 하게 된다.

사전교육으로 미리 학업내용의 대부분을 다 알고 오는 아이들일 경우 학교수업이 재미있을 리 없으며, 이를 못 따라 오는 아이들일 경우 역시 학교 수업이 재미있을 리 없는 이유이다. 또한 선생님들 역시 스승의 그림자도 밟으면 안 된다는 유교사상이 깔려 있다. 그러다 보니 자기주장이 강한 아이들을 싫어한다.

필자의 지인 중에 선생님을 선생~ 이라고 부르는 사람이 있다. '님'자 하나 더 붙이는 게 뭐 힘들다고 선생~ 이라고 할까? 이 분의 트라우마를 한번 말해 보자

공부를 잘 하였지만, 부모님의 극성스러운 교육열 때문에 항상 자기 학년 수준보다 2~3년 높은 공부를 했다고 한다. 이 분의 학창시절에 학원을 다니려면 법적으로 재수생만 다닐 수 있었는데 재수생처럼 보이려고 머리를 삭발하고 서울 남영동 학원가를 방과 후 몇 년을 다녔다고 한다. 영어 수학만이 아닌 화학 물리 등 대입 재수생이 배우는 거의 모든 과목을 습득하였다 한다.

당연히 수업이 재미있을 리 있겠는가? 그렇다면 이 분 역시 이렇게 공부하고 싶었을까? 아니었다고 한다. 그 분의 어머니는 평범한 사람이었지만, 원래는 평범하지 않은 집안이었다. 그 분의 외할아버지는 동경대 출신의 당대라면 최고의 엘리트였고, 부잣집이었다고 한다. 그러나 외할아버지가 일본사람이랑 같이 사업을 하다가 사기를 당해 쫄딱 망했고, 자식인 딸은 학업을 포기해야만 했다.

그 학업을 포기하여 공부에 대해 한이 맺힌 어머니는

자식에게 그 모든 기대를 걸었고, 그 분은 그래서 최고의 엘리트가 되기 위해 학원을 다녀야만 했었다.

이 분에게 학교수업은 너무 수준이 낮았고, 가만히 앉아있기라도 했으면 되는데 그 시간이 너무 아까워 자꾸 다른 공부를 했다고 한다. 이것이 선생님들의 자존심을 건드리고 선생님들과의 불화가 시작되었다.

어느 날 학교에서 노는 아이들이 괜히 시비를 걸어 4명한테 이유도 없이 엄청 두들겨 맞았고, 폭력을 가한 학생들은 어떠한 처분도 받지 않았다고 한다. 나중에 그 이유를 알게 되었는데 담임선생님이 이 분 버릇을 고쳐 놓으라고 시킨 일이었기에 정학이나 근신 어떠한 처분도 받지 않은 것이었고, 그 사실은 담임선생님이 비아냥거리며 이 분에게 직접 말한 것이었다.

어떻게 표현해야 할까? 그래서 이 분은 엄청난 충격으로 그때부터 공부를 놓고 싸움을 배워 자신에게 폭력을 가한 이들에게 직접 복수를 하였고, 그 이후에는 폭력서클의 문제아로 바뀌었다. 이후 학교에서 세 번이나 잘릴 뻔 하고 성적은 최하등급으로 떨어져 대학은커녕 졸업 후 공돌이로 전전했다. 잘못은 선생님이 한 것인데 두들겨 맞은 학생이 문제아가 된 것이다.

최고의 엘리트를 꿈꾸던 사람… 자신이 원인 제공을

한 이유도 있지만, 선생님의 잘못된 판단으로 인생 최하류로 떨어진 것이다. 이 분은 후에 다시 노력하여 지금 현재 건실한 회사를 운영하는 CEO가 되어 있다. 그러나 물론 지금도 학교 선생님이라 하면 치를 떨고 계신다.

필자 역시 초등학교 때 운동회 연습차 모인 운동장에서 줄을 반듯이 맞추지 못했다고 어느 여선생님으로부터 뺨을 맞은 기억이 있다. 맞은 뺨이 아팠던 기억보다 친구들이 보는 앞에서 뺨을 맞았을 때 느낀 수치스러움은 오래도록 나를 힘들게 했다. 자~ 이런 일이 이분과 나에게만 벌어진 일일까?

어떠한 시스템을 바꾸는 데는 엄청난 노력과 시간이 필요하다. 우리의 교육시스템을 바꾸는 것 역시 엄청난 과정이 필요하다는 것이다.

만인에게 평등한 교육의 기회를 주고자 마련된 것이 의무교육제도이고, 정말 많은 이들에게 교육의 기회를 주고 있다. 그러나 그 교육제도 안에서 많은 이들이 피해를 보기도 한다.

그러나 학원은?

그렇다면 아이들은 왜 학원에서 공부를 다 배우는가? 배울 수밖에 없다. 자신의 수준에 맞는 클라스를 선택하여 들으면 되기 때문이다.

또한 학원선생님들 역시 열과 성의를 다해 공부를 가르친다. 왜냐하면 대충 가르쳐 성적이 오르지 않으면, 부모들이 학원을 끊어 버리기 때문이다. 수강생이 떨어지면 자연히 강사들 역시 학원 원장에게 잘릴 수 있다. 학원에서는 선생님들 역시 살아남기 위한 처절한 노력이 동반된다는 것을 알 수 있다.

그러나 정규학교 선생님들은 큰 물의를 일으키지 않는 이상 거의 정년이 보장된다. 직설적인 말로 '철왕좌'가 될 수 있는 것이다. 이러한 문제를 필자만 직시하고 있을까? 많은 사람들이 이러한 문제를 알고 있다.

경제협력개발기구(OECD) 역시 각국 정부에 현직교사의 질을 높일 수 있는 가장 효과적인 방법으로 교원평가제를 권고하고 있고 우리 역시 수년 전부터 실행하고 있다.

교원평가제만 하면 학생개발 능력이 월등히 높아질 것 같다고 했었는데, 막상 뚜껑을 열어보니 꼭 그렇지 만도 않다.

현재 나이가 40대 이후인 사람들은 자신의 학창시절이 악몽이었던 분들이 다수가 있다. 그 당시는 선생님들이 사랑의 매라고 하지만 몽둥이를 대부분 들고 다니고 떠들어도 맞고, 시험봐서 성적 안 되어도 맞고, 학교 수업에서 맞지 않고 졸업하는 일이 거의 없을 정도로 체벌이 팽배해져 있었다.

대한민국 학생인권조례는 학생의 인권이 학교교육과정에서 실현될 수 있도록 함으로써, 학생의 존엄과 가치 및 자유와 권리를 보장하기 위해 제정된 대한민국 각 교육청들의 조례이다. 학생인권조례의 주요 내용은 다음과 같다.

- 차별받지 않을 권리
- 폭력으로부터 자유로울 권리
- 정규교과 이외의 교육활동의 자유
- 두발, 복장 자유화 등 개성을 실현할 권리
- 소지품 검사 금지 등의 사생활의 자유 보장
- 양심 · 종교의 자유 보장
- 집회의 자유 및 학생 표현의 자유 보장
- 소수 학생의 권리 보장
- 학생인권교육센터의 설치 등 학생인권침해 구제

내용을 보면 요즘 아이들은 상상하기 힘들 정도로 과연 저러한 조례를 제정해야 할 만큼 학교는 무서운 곳인가? 하고 생각할 수도 있을 것이다.

중년 이상의 사람들은 학교의 강한 법규 안에서 나름

대로 반항하며 머리도 기르다 잘려보고, 불시 소지품 검사로 불온서적이나 담배가 나와 정학이나 근신 경험이 있는 사람도 많다.

요즘은 이 학생인권조례로 선생님들이 아이에게 엄하게 훈계한다는 상상도 못하고, 그러다 보니 단속을 제대로 할 수가 없어 통제하지 못하는 부분이 많이 생긴다. 선생님에게 많은 권리가 사라져 이 폐단 역시 속출하고 있다.

엄함이 없는 선생님들에게 아이들이 교원평가를 일부러 나쁘게 할 이유도 없다. 그래서 아이들에게 물어봐도 "그냥 다 형식적이에요~" 하는 소리가 나오는 것이다. 대체 무엇이 문제일까??

다른 시각

　인권이 무엇인지 참 모르겠지만, 요즘은 범죄자 얼굴은 모자이크 처리하고 피해자 얼굴은 적나라하게 드러내는 이상한 시스템에 살고 있다.

　선생님들의 권한 남용도 문제이지만, 인권이란 이름 하에 아이들을 풀어놓는 것 또한 문제이다. 설사 학생인권조례가 생기지 않았더라도, 과대한 아이사랑을 실현하고 있는 많은 부모들은 아이가 학교에서 문제가 생긴다면, 학교로 찾아와 큰 항의를 한다.

　잊을만 하면, 학부모가 학교로 찾아와 선생님을 폭행하고 보복하는 사건이 뉴스에 나온다. 이제 다시 사랑의 매를 허락해야 한다고 해도 될 일이 없다. 한번 만들어진 제도에 적응해 있다면 그것을 다시 바꾸는 일은 매우 어렵고 실현 불가능한 경우가 많기 때문이다.

인성교육의 한 방법으로 사용되어 온 훈계의 정도는
'세다. 약하다.'의 기준을 세워 법으로 정할 수 없다. 받아
들이는 사람에 따라 알아듣는 사람이 있는 반면 크게 상
처를 입고 원한을 품는 경우 역시 있기 때문이다.

훈계를 인성교육의 수단으로 생각하고 있는 교사가, 훈
계가 필요한 학생에게 훈계를 할 수 없다면, 그 아이의 인
성교육은 포기해야 할 수밖에 없다. 교원평가제가 실시되
고 있는 현재 교사 스스로도 위험부담을 가지고 한 아이
의 인성교육에 매진할 이유가 없게 된 것이다.

학교의 역할은?

그렇다면 학교가 주로 가져야 할 역할은 공부인가? 인
성교육인가? 교사 지위에 대한 안정성과 아이 인성교육
에 대한 사명감을 가지게 할 수 없다면 학교에서 인성교
육은 힘든 문제이다.

또한 학교 공부 역시 아이들의 능력치가 다 다른 마당
에 획일적으로 할 수 없는 것 또한 현실이다. 그래서 대
안으로 나온 것이 미국식 교육. 즉 학생이 자신의 학과
능력에 따라 선생님을 선택하여 수업을 선별적으로 듣게
하는 것이었다.

미국식이라기보다는 현재 대학교에서 하는 수업방식과 같다. 몇몇 학교에서 시범적으로 운영되었지만, 그 실효성에 대해 정답을 못 얻으며 현재 답보하고 있는 상태이다.

대학교수나 강사들은 어찌보면 학생들에게 선택받는 입장이고, 인성이 아닌 전공과목의 강의가 주를 이룬다. 초중고 교사와는 다르다면 다른 이유이다. 그러나 초중고에 이 시스템을 도입해 봐도 답이 안 나온다. 대체 무엇이 문제인가?

좋다고 하는 것을 무조건 따라하면 다 될 것 같지만, 그것이 아닌 이유는 각각의 특성이 다 다르기 때문이다. 필자가 생각하는 한 부분은 아이의 적성을 좀 일찍 파악하여 그 길에서 스스로의 능력을 발휘할 수 있도록, 인성을 위주로 한 진로지도이다.

물론 실행하고 있지만, 현재 교육시스템의 가장 큰 문제는 창의력 없는 암기와 계산 위주의 교과 역시 큰 문제가 된다. 하고 싶은 전공과 진로를 세밀하게 빠른 시기에 정확하게 판단하여 이끌어 주는 것이 분명 필요하다.

중고등 학생의 수준은 세계에서 탑이다. 그러나 그 아이들이 글로벌 산업전선에 투입되었을 때 창의성 위주의 교육을 받은 선진국 아이들에게 많이 밀리고 있다. 물론 이 외국 아이들을 능가하는 경우도 많지만, 통계로 보나 현재 상황으로 보나 두각되지 못하는 것은 현실이다. 그렇다면 우리 교육의 전반적 시스템을 재검토해야 한다는 이야기이다.

학교선생님은 아무나 되는 것이 아니다. 임용고시라는 엄청나게 어려운 시험을 통과한 우수한 인재들이 학교선생님을 하고 있는 것이다. 우리 사회는 이 우수한 인재들에게 학업만 가르치도록 시스템으로 강요하고 있다. 교사 스스로에게 자율권을 주어 아이들에게 인성을 위주로 한 교과를 가르치게 한다면 더할 나위 없이 좋은 것이다.

어차피 아이들 성적이란 수업 외에 학생 스스로 노력해야 하는 시간이 더 많은 것은 분명하기에 학교에서는 인성교육 위주의 시스템 도입이 반드시 필요하고 교사들은 그 시스템에 최적화되어 아이들을 보듬어 주는 역할이 필요한 이유이다.

교육은 국가사업이다. 현명한 리더가 좋은 결정을 내려 많은 이들이 서로 화합하고 발전할 수 있는 길을 터주면 좋을 것 같다. 그 결정은 선생님들이 진정한 교육의 장을 스스로 펼칠 수 있는 시스템을 말한다.

도편수

도편수는 17세기부터 궁궐이나 불교사찰을 짓는 공사의 기술자 책임자를 말한다. 조선후기에는 기술자의 사회적 대우가 낮았기 때문에 기술자 우두머리였던 '대목'이 우월한 신분에서 공사를 이끈데 비해 도편수는 낮은 대우 속에서 담당한 직종의 범주 안에서만 활동하는 한계를 지녔다.

불교의 선원에서 선원장 다음으로 높은 지위가 입승이라고 한다. 이 입승은 줄을 튕긴다는 의미인데 도편수에서 이 이름을 따 온 것이다.

예전 건축은 목조로 뼈대를 세웠기에 이 도편수가 먹줄을 튕기는 일을 하였고, 이것을 잘 해야 제대로 된 건물이 나왔다. 다시 말해 먹줄 튕기는 일은 초보들이 할 수 없는 것이었고, 그 건물을 관리하고 완성시키는 총 책임자가 하는 일이었기에, 선원에서도 그러한 의미로 선원의 책임자를 입승이라고 이름 한 것이다.

또한 강력한 권한을 의미하기도 하다. 도편수가 먹줄을 일단 퉁기면 잘 되었든 안 되었든 그 줄에 맞게 모든 인부들이 건물을 올렸어야 하기에 그러했다.

그렇다면 우리 아이들에게 도편수는 누가 있을까? 두명이 있다. 바로 부모와 선생님이다. 누가 더 권한이 있다고 말하기 애매할 정도로 권한이 강력하다.

그러나 부모라는 도편수는 아이에게 타협의 조건과 무조건적인 사랑이 있는 도편수인 반면, 선생님이라는 도편수는 이 도편수의 눈 밖에 나면 성적은 물론 학교생활 자체도 힘들어질 수 있다. 선생님이라는 도편수의 역할과 역량이 더욱 중요시되는 부분이다.

어떠한 도편수든 학생들이 자신의 삶에 스스로 먹줄을 퉁기도록 할 줄 알게 교육해야 한다는 점을 간과해서는 안 된다. 부모 자식, 스승 제자 사이를 떠나 그 어떤 누구도 남의 삶을 대신해 줄 수 없기 때문이다.

난생 처음 들어본 칭찬

"수민이 머리 그렇게 하니 예쁘다~"

수민이가 흥분했다. 선생님한테 처음으로 칭찬을 들어봤다고 한다. 무슨 칭찬을 들었냐고 하니 머리모양이 바뀌어 예쁘다고 했다고 한다. 칭찬이라기보다 관심이라 표현하는 것이 적당할 것이다. 수민이는 이 칭찬보다도 '아! 선생님이 나를 보고 있었네?' 이 사실이 더욱 기뻤다고 한다.

여자 학생들 머리가 바뀌어도 다 거기서 거기이다. 그런데 머리스타일이 바뀐 것을 안 것은 이 선생님은 아이 하나하나를 눈여겨보고 있다는 것이다.

특징이 없는 아이들은 금방 묻히게 마련이다. 공부를 잘하거나 뛰어나게 예쁘거나 운동을 잘 한다거나 아니면 문제아거나~ 하지 않으면 한 클라스의 구성원이라는 것 외에 존재감이 드러나지 않는다.

이 담임 선생님은 진정한 교육자의 모습으로 아이들을 하나하나 관찰하고 있었고, 아이들의 성격을 파악하고 이끌어 주려 노력하고 있었다.

맞다. 수민이에게는 관심이 필요했다. 딸아이는 이때부터 국어 공부를 하기 시작했다. 수민이도 선생님을 그냥 '한 학년의 담임인가보다~'가 아닌 나에게 잘해주는 선생님이니 나도 더욱 잘 해야겠다는 생각을 하였고, 선생님 과목인 국어 성적을 올려 선생님한테 인정받고 싶어 했다. 그렇다 원래 못하는 아이가 아니었다. 단지 안했을 뿐이다. 쉽게 말해 머리 모양 예쁘다고 한 말이 아이를 열심히 하는 학생으로 만들게 된 계기가 된 것이다.

코끼리 나팔

고대 인도의 설화를 한번 말해보고자 한다. 코끼리는 물을 좋아한다. 그래서 건기가 되면 진흙 속에 갇히는 일이 많다. 요즘에도 간혹 코끼리가 수렁에 빠져 구출하는 뉴스가 종종 나오기도 한다.

인도의 어느 한 마을에 나이가 먹어 전쟁터에서 퇴역한 커다란 노장 코끼리가 수렁에 빠졌다. 이 코끼리는 힘이 노쇠해져 수렁에서 나올 수가 없었고, 수렁으로 점점 빨려들어 갔다. 마을 사람들은 코끼리를 구출하고자 온 힘을 쏟았지만 엄청난 무게의 코끼리를 꺼내기에는 역부족이었다. 그래서 마을사람들은 경험이 많은 바라문에게 조언을 구하러 갔다.

"코끼리가 수렁에 빠졌습니다. 도저히 꺼낼 수가 없는데 어떻게 해야 합니까?"
그러자 바라문은
"진군(進軍) 나팔을 불어라!" 라고 하였다.

마을사람은 나팔을 가지고 다시 코끼리에게 가서 진군나팔을 불렀다. 그러자 코끼리는 커다란 소리를 외치며 힘을 다해 수렁에서 힘차게 빠져 나왔다. 전쟁에 나가던 옛 기억을 살려 빠져나온 것이었다.

최영미 선생님

필자 역시 아이가 초등학교부터 중학생이 되어서까지 여러 담임선생님으로부터 상담전화를 받아보았다. 부모도 자신의 아이가 문제가 있다는 말을 들을 때는 상처 받는다. 그러나 그 선생님은 부모의 마음까지 헤아리고 있었다. 엄마인 나도 그 선생님이 고마운데 아이는 얼마나 그 선생님이 좋았을까!

수민이는 이 일이 계기가 되어 한때 선생님이 되고 싶어 사범대학교에 진학했다. 또한 고등학교 때부터는 인성캠프에서 아이들의 친구이자 멘토가 되어 그들의 이야기에 귀 기울였다.

선생님도 사람이다 보니 좋은 아이도 있고, 싫은 아이도 있을 것이다. 그러나 선생님이란 자리는 자신의 마음에 따라 아이들을 대하면 안 된다. 개인의 감정을 떠나 자신이 그 자리에 있는 것은 자신의 성격대로 아이들을 대해도 되는 자리가 아니기 때문이다.

때로 선생님들은 보통 공부 잘하는 아이한테만 칭찬을 많이 한다. 다른 아이들도 더 노력하여 공부 잘하라는 뜻일 수도 있지만, 학교라는 것은 교과교육 이전에 인성의 많은 부분도 책임져야 하는 곳이다.

조선시대의 서당교육은 한자만 가르치는 것이 아니었다. 글공부 안에 인의예지(仁義禮智)라는 인간이 갖추어야 할 4대 덕목을 배우는 것이었으니 학문은 인성을 배우기 위한 도구에 불과했다. 그러나 지금은 인성과는 관계없는 계산과 암기 위주의 공부가 더 주를 이룬다.

필자 역시 아이가 초등학교부터 중학생이 되어서까지 난생처음 담임으로부터 진심이 느껴지는 상담전화를 받아봤다. 거기다 엄마를 위해 아이에 대한 칭찬도 아끼지 않으신 선생님의 배려가 너무나 감사하고 좋았는데 아이는 선생님이 얼마나 좋았을까?

  아주 작은 일이었지만 수민이도 상대에게 어떻게 해야 하는지 알게 되었고, 지금도 실천하고 있다. 감사합니다. 최영미 선생님~!

무기력

곪은 것은 터트려야 한다. 고름은 살이 안 되기 때문
이다. 고름을 터트려서 짜내야 새 살이 돋는다. 짜내지
않으면 딱딱하게 덩어리진 채 평생을 안고 살아야 한다.
내가 그 사실을 알게 되기 전에 그랬던 것처럼….

수민이는 어느 때부터인가 무기력해져 있었다. 필자
의 어린 시절에는 꿈이 없는 내 자신이 한심해서 오기로
꿈을 가졌었다. 난 반드시 성공할 것이라는….

생각해 보면 수민이의 어린 시절은 나보다 더 참혹한
것이었다. 아빠가 아예 없었다. 차라리 죽었으면 미련을
안 가졌을 테지만, 바보같이 순하고 딸을 보고 싶어 하는
그 멍청한 남자 역시 수민이를 그리워하고 있다. 나도 그

남자도 수민이도 고통 속에서 나올 수가 없는 악순환의 뫼비우스 띠였다.

수민이가 이 상태였을 때 마치 폐인같이 생활하였다. 집에서는 잠만 잤고 저녁이면 친구들과 어울려 밤거리를 헤매고 다녔다. 학교는 놀러가는 곳이었다.

쟨 뭐가 되려고 그럴까?
그렇다면 쟨 누가 키웠나?
네가 대체 뭐가 부족하니?
학원 보내 줘~ 다 사줘….

문제아를 둔 학부모들이 공통적으로 하는 생각일 것이다. 근데 아이들은 무기력하다.

'왜일까?'

다 지난 과정이고 결과가 나름대로 좋게 되었으니 할 수 있는 말이지만, 요즘 아이들은 스스로 뭔가를 찾을 필요가 없다. 부모가 다 해 주니까 말이다.

쉽게 말해 반드시 이겨서 성공해야만 하는 헝그리복서의 기질이 없는 것이다. 그러나 수많은 헝그리복서 중에서도 역시 성공하는 사람은 몇 안 된다. Mind가 중요한 것이다.

무패의 복서 메이웨더의 마인드는 어록과 같다.

저는 티켓을 팔러 여기 왔습니다.
저는 무대에 서는 사람입니다.
저 자신을 파는 사람이니 그 대가는 충분해야 합니다.

이 대목에서 메이웨더의 프로정신을 볼 수 있다. 권투를 하는 이유로 자신의 상품화를 든 것이다. 이러한 직설 화법 때문에 미운털도 많이 박혀 있고, 한 번도 지지 않았던 그가 지는 것을 바라는 사람도 많다. 안티가 많다는 이야기다. 그 안티들에게 메이웨더는 다음과 같이 말하였다.

저는 솔직해질 수 있다면
차라리 미움 받는 게 낫습니다.
거짓 연기로
사랑받는 것보다는 말입니다.

타인의 눈치를 보고 그들에 맞추어 자신을 상품화할 생각 역시 전혀 없다는 것이다. 자신의 상품화에 대해 그는 또 이렇게 말한다.

돈이 전부는 아니지만
그만한 게 또 없다는 것이 문제입니다.

멋진 사람이다. 우리는 성공한 사람의 마인드를 배워

야 한다. 결국은 우리에겐 비춰빛 청사진이 있어야 꿈이 생긴다는 것이고, 그 꿈은 목표를 만들어 주고, 그 목표는 교육을 통해 보완되며, 교육은 성공을 가져다준다.

The Ugly Duckling Mind Up!

무심코 던진 돌

믿음의 미학

수민이가 Mind Up 캠프에 처음 다녀왔을 때는 필자에겐 혼동기였다. 어떠한 교육프로그램이든 더 나아져야 하는데 내 기억으로 딸아이는 더 난폭해졌기 때문이다. 필자뿐만이 아닌 누구라도 어이가 없을 것이다.

캠프 상담 선생님에게 이것 잘못된 것 아니냐고 물어보았다. 그러자 선생님은 '과정'이라는 단어로 상황을 설명해 주셨다. 감기에 걸려 그 감기가 나으려는 조짐이 보이면 온 몸은 근육이 이완되고 신체는 체온 조절을 위해 땀이 난다. 그래서 사람은 더 처지고 정신을 차리지 못해 잠만 잔다. 그러다 감기에서 낫는 것이다.

맞는 말일 것이다. 감기에 걸린 사람이 약 하나 먹는다고 손바닥 뒤집듯 낫는 것을 본 적이 없다. 수민이는 지금 근육이 이완되고 몸의 열을 식히기 위해 땀이 나는 과정일 것이다.

집안에 환자가 있을 때는 환자를 간호하는 사람이 지극하다면 그 병은 더 빠르고 잘 낫게 된다. 캠프에서는 그 간병인의 변화를 요구했다. 필자의 변화 말이다. 그래서 필자 역시 나를 돌아보고 어떻게 무엇을 해야 하는지 교육을 받기 시작하였다. 그래서 포기하지 않고 캠프를 여러 번 다녔다.

기다림의 미학

어쩌면 한두 번만에 무언가 바뀌는 효과를 기대하는 것이 잘못된 생각일 수도 있다. 다른 것도 아닌 인생이 바뀌는 것인데 말이다.

나무를 보고 스케치북에 그림을 그리면 그리는 사람에 따라 나무의 모양이나 색깔이 다 다르다. 나무에 대해 좋은 경험이 있는 사람은 나무를 좋게 그리지만 나무에 대해 안 좋은 경험이 있는 사람은 나무를 안 좋게 그릴 수 있는 것이다.

이는 똑같은 나무를 보더라도 나무에 대한 자기의 경

험 그리고 그 경험에 대한 생각, 감정, 느낌이 다르기 때문이다. 나무 자체가 좋은 나무 안 좋은 나무가 있는 것이 아니라 나무에 대한 내 생각, 감정, 느낌이 좋고 나쁘고를 만들어 놓았다.

이렇게 우리는 밖에서 보고 듣고 배우고 체험한 것을 자신의 생각과 감정 느낌으로 마음속에 저장해 놓았다. 즉 우리의 의식, 무의식 속에는 산 삶의 모든 경험이 기억된 생각으로 저장되어 있으며 이것이 바로 개체 마음이고 문제를 느낀 사람은 이것을 바꾸려 노력해야 한다.

그래서 이 바뀌는 기간을 조급해 하지 않고 넉넉히 잡은 것뿐이고, 그 여유는 기다림의 미학이라는 선물로 돌아왔다.

위에 말한 안 좋은 감정들은 인간에게 스트레스로 다가온다. 스트레스는 차츰차츰 몸에 쌓여 결국은 인간을 해하는 중금속과도 같다. 스트레스는 풀어야 한다는 이야기이다. 수민이가 처음 내 눈에는 폭력적으로 보였지만, 이는 그동안 쌓인 나쁜 감정을 배출하여 해소하는 과정이었다.

캠프에 참가하는 모든 사람이 변하는 것은 아니다. 의지 강한 사람은 바뀌고, 의지 약한 사람은 그대로 이어지다가 어느 때가 되면 보이지 않았다.

이 의지는 아이의 의지보다는 부모의 의지가 더 중요하다. 부모가 중간에 믿음을 못 갖든지, 조급해 해서 핸들링을 하는 경우가 대부분이다.

필자가 이렇게 펜을 드는 이유는, 나와 수민이가 극에서 극으로 바뀌는 경험을 몸소 체험하고 그것을 결과로 가지고 있기에 자신 있게 말할 수 있는 것이다.

마치 물건을 파는 이들과 같다. 좋은 물건을 가지고 장사하는 사람들은 자신 있게 와서 보라고 한다. 그러나 그렇지 못한 이들은 자신 있게 와서 보라고 할 수가 없다.

선택의 기준을 명확히 하라

아이가 바이올린을 본격적으로 시작한 후부터 방학이 되면, 레슨 선생님은 아이를 데리고 해외에서 유명 교수한테 레슨을 받는 해외캠프에 데려가기를 권했다. 물론 보내고 싶었다.

하지만 그곳에 가면 인성캠프를 가지 못한다. 늘 날짜가 겹쳤기 때문이다. 해외 레슨캠프를 가는 수민이 친구들은 실력이 향상되어 올 것만 같았다. 다른 아이들보다 연주 실력이 뒤쳐지게 될까 봐 걱정됐다. 이럴 때는 정말 괴로웠다. 안 보낸다고 하기가 너무 힘들었다.

한번 생각해보자! 바이올린을 왜 하는가? 그 이유가 선택의 기준이 되었다. 답을 내려도 꼬리에 꼬리를 무는 질문이 계속 나왔다. 그러면 그 때마다 답을 달아보다 보면, 마지막 답이 찾아졌다.

그래서 필자와 아이는 인성캠프를 선택했다. 선생님한테 짤려서 더 이상 레슨을 받을 수 없었지만, 각오하고 선택한 일이었다. 악기를 하는 아이들에게 선생님이 바뀌는 것은 엄청난 스트레스이다.

그러나 나와 아이의 선택은 옳았다. 그 시기에 아이는 악기를 계속하는 것보다 더 중요한 마음의 문제를 가지고 있었고 인성캠프에서 그것을 해결했다. 아이들도 자신을 돌아보고 마음을 비우며 정리할 시간이 꼭 필요하다. 아무리 연습을 열심히 하고 좋은 레슨을 받는다 해도 마음을 집중하지 못하면 실력이 늘지 않는다.

아마도 보통의 사람이라면 그냥 레슨캠프를 보냈을 것이다. 그러나 나는 아이가 자신의 내면과 만나는 것이 그 어떤 것보다 중요하다 생각했다. 그런 선택이 수민이로 하여금 강한 정신력과 집중력을 갖게 되는데 결정적인 계기가 된 것이다.

순간의 욕심을 버리면 더 큰 것을 얻게 된다. 수민이는 새로운 마음으로 새로운 선생님을 만나 또 다른 음악의 세계를 경험하게 되었다.

반복하는 실수

수민이는 소원대로 엄마 아빠가 한 집에 살게 되면서 부터 자신의 음악적 역량을 키우는데 집중했다. 점점 바이올린을 잘한다는 소리를 듣게 되자 나는 욕심이 생겼다. 좋은 음대에 보내고 싶어서 무리하게 연습을 시켰고 다시 수민이와 부딪쳤다. 이때부터 엄마 앞에서는 더 이상 연주를 하지 않았다.

초등학교 시절 아무런 기대 없이 마냥 바이올린이 좋아서 시켰을 땐 날마다 내가 잠들 때까지 자장가를 들려주던 아이다.

나는 다시 수민이를 태운 배가 어디로 가는지 깨닫지 못한 채 좋은 대학에 보내려고 아이를 닦달하고 있으니 사는 것이 너무 답답했다.

아이의 인생에서 바이올린이 차지하는 비중은 무엇일까? 누가 주인일까? 어떠한 행위를 위해 본질이 변한 다면 그 행위는 올바른 것일까?

이때 레슨을 멈추고 인성캠프에 가는 것이 우리 모녀에겐 큰 결단이었지만, 그 이후로도 살면서 어떤 선택을 해야 할 기로에 섰을 때 나는 이 순간을 다시 기억한다.

나에게 전부일 것 같은 것을 한번 내려 놓아보자. 잘하는 것이 중요한 게 아니라, 그런 행위 자체가 자신에게 만족과 행복감을 주어야 의미가 있기 때문이다. 달리기를 하면서 힘들 때는 무작정 달리면 안 된다. 목적지까지 못 갈 수도 있다. 잠시 쉬고 숨을 고르면 안전하게 목적지에 갈 수 있다. 잠시 자신을 돌아봐야 한다. 인생은 단거리 육상경기가 아닌 마라톤이기에 더욱 그러하다.

The Ugly Duckling Mind Up!

휴학과 꿈

아이가 본격적으로 바이올린을 시작한 것이 중학교 3학년 때이다. 이미 전공으로 선택하기에는 늦은 감이 있고 힘든 악기였지만, 타고난 절대음감과 초견 실력은 짧은 기간에 예술고등학교 진학을 가능하게 했다. 그리고 각종 대회에서 상을 타기 시작하면서 조금씩 자신감을 갖게 되었다.

수민이도 바이올린을 시작하는 순간부터 한국예술종합학교에 입학하길 원했다. 그래서였는지 사범대학에 입학한 후에도 그 꿈을 접을 수가 없었나 보다.

한국종합예술학교(한예종)

한예종은 어떤 학교인가? 우리나라에서 클래식 연주

자의 꿈을 가진 아이들이라면 누구나 입학하고 싶은 학교이다. 그러나 그 학교에 입학하는 대부분의 아이들은 이 학교에서 운영하는 예비학교를 통해 어렸을 때부터 그곳 교수들의 레슨을 받기 시작한다.

그렇다고 예비학교 출신들이 모두 그 학교에 입학할 수 있는 것은 아니다. 예비학교에 다니는 동안 기량을 연마하면서 선생님들의 눈에 들어야 한다. 또한 학교에서 해주는 레슨만으로는 부족하기에 대부분의 아이들은 많은 돈을 들여 추가 레슨을 받아야 한다.

나는 그 학교를 많이 알지 못한다. 단지 악기를 전공하는 학생들의 로망이자 그 자녀를 둔 부모라면 꼭 보내고 싶은 학교임에는 틀림없다. 내가 아는 것은 이 음악계의 과외 수업비용이 기 백만 원이라는 것과 입시철이 되면 일반인들이 상상하지 못할 만큼의 많은 돈을 이 학교에 보내기 위해 부모들이 지출하고 있다는 것이다.

그러나 필자는 경제적 능력도 안 되었지만 이렇게 까지 해서 음대에 보내고 싶은 마음은 없었다. 수민이의 음악 과외비는 언제나 100만원 이하였고, 입시철이라고 해서 그 이상을 레슨비로 지출해본 적은 없다. 어쩌다 기회가 되어 마스터클래스 레슨을 받을 때면 녹음해 와서 그 테잎이 늘어질 때까지 듣고 연습하기를 반복했다.

음악계에서 스승이란?

요즘 세상을 시끄럽게 했던 서울대 음대 교수들의 제자들에 대한 스승답지 못한 행동들이 이슈에 올랐었다. 고질적으로 약자일 수밖에 없는 학생들의 입장에서는 음악을 관두지 않는 이상 이 룰을 따를 수밖에 없다. 평생을 따라다니는 스승의 이름이 곧 나를 음악으로 키워줄 수 있는 부모와 같은 존재이기 때문이다. 바이올린의 경우도 마찬가지다.

전남대 음악교육과에 입학한지 일 년만에 휴학을 했다. 그리고 다시 바이올린을 집어 들었다. 일 년을 준비했지만 한예종에 입학하지 못했다. 아이는 이렇게 말했다.

"이제 더 이상 그 학교에 미련이 없어…"

악기를 하는 학생들이라면 누구나 꿈꿔볼 만한 학교를 준비하고 그 학교에서 입학 오디션을 봤다는 것만으로도 충분히 그 아이는 만족했다고 했다. 그리고 다른 것을 또 시작한 것이다.

이러한 경험들은 버클리음대 오디션을 준비할 때 많은 도움을 주게 되었다. 혹자들은 이렇게 말하기도 한다.

"꿈은 크고 원대해야 한다고…"

하지만 필자는 생각이 좀 다르다.

"어떠한 꿈이든 자신의 역량에 맞아야 한다!"

달란트[talent]

달란트의 원뜻은 '한 덩어리, 저울, 계량된 것'이라는 의미로, 무게의 최대 단위이자 화폐 단위를 말한다. 이 단어는 성경에서 많이 쓰이는데 성경에서 달란트의 뜻은 '하느님이 각 개인에게 주신 재능이나 능력을 나타내는 말'로 사용되고 있다.

우리말로는 '자기 그릇대로 살아야 한다.'라고 봐도 무방할 것 같다. 이러한 말을 하노라면 또다시 반대 의견의 공격을 받게 된다. '왜 희망을 꺾느냐고?'

타고난 재능은 어떤 것인지 우리는 신체능력으로 정확히 판단할 수 있다. 반대 의견을 가진 사람이 주장하는 바는 계속 연습하고 노력하면 좋아진다는 이론인데, 100미터 달리기를 예로 들어 보자.

당신이 오늘부터 올림픽 금메달을 목적으로 100m 달리기에 도전하였다. 우샤인볼트가 가지고 있는 9초58의 세계기록을 언제쯤이면 달성 가능하겠는가?

이와 같다. 육체적 재능은 비교적 손쉽게 눈에 보이지만, 예술적 기능은 눈에 잘 띄지 않고, 공부는 누구나 열심히 하면 다 될 것 같다. 그러다 보니 자기의 역량을 스스로 판단 못하고 남들 따라 우왕좌왕 하다가 시간을 다 허비하는 것이다.

공부도 타고난 머리가 있고, 집중력과 이해력 여러 가지가 맞아야 하는 재능이다. 그냥 열심히만 하면 되는 것이 아니다. 잠시 책을 덮고 자신의 역량이란 어떤 것인지 한번 사유해 보자.

버클리

자신감을 넘어서야 한다.
자신감은 평범하다.

위 말은 수민이가 한 말이다. 칠푼이라고 핀잔주어도 할 수 없다. 그러나 난 우리 수민이가 너무나 자랑스럽고 이러한 말을 할 수 있다는 것 자체가 대견하다.

수민이는 갓난아이 때부터 그 무엇 하나 자랑할 것이 없던 아이였다. 남들 앞에서 잘난 척에 '잘'자도 할 것도 없었으니 자존감이나 자신감이 생길 리 있었겠는가? 그러던 아이가 스스로의 재능을 발굴하고 자신감에 대한 자기 철학을 말하고 있는 것이다.

패장무언

패장무언(敗將無言)이란, 전쟁에서 진 장수는 할 말이 없다는 뜻이다. 한(漢)나라 한신(韓信)은 조(趙)나라를 공략했다. 이에 대하여 조나라 전략가 이좌차는 한군을 협도에서 협공하여 일거에 격멸하는 책략을 재상에게 진언했다.

그러나 재상은 사술기계(詐術奇計)라 하여 듣지 않았고, 그 결과 조나라는 크게 패하였다. 이 사실을 듣게 된 한신은 이좌차를 죽이지 말고 데리고 오도록 하였다.

포로가 된 이좌차를 한신은 스승으로 대우하여 연(燕)나라와 제(齊)나라를 치는 전략을 물었다. 이에 대하여 이좌차는 '패장무언(敗將無言)'이라고 답하였다.

"패군의 포로가 어찌하여 그와 같은 대사를 꾀할 자격이 있겠는가?"

하고 일단 거절했으나 계속 가르침을 청하는 한신의 성의에 움직여 책략을 말하였다. 한신은 이 말에 따라서 연(燕)나라와 제(齊)나라를 멸망시키는데 성공하였다.

지나온 세월을 보면, 수민이는 이좌차였고, 나는 재상이었으며, Mind Up 교육은 한신이었다. 다만 다른 것이 있었다면, 재상이었던 나는 한신의 말을 들었고, 이좌차는 한신도 얻고 재상도 얻었다.

사범대에서 버클리까지

필자는 이혼 후 20대 후반, 병원에서 야간당직을 하면서 대학에 편입해 일반대학에 다니면서 전액장학금을 탈 만큼 열심히 공부했고 그 열정을 지켜보신 지도교수님의 조언을 듣고 대학원에 진학해 석사학위를 받았다. 머리 회전이 빠른 어린 학생들과 공부했지만 좋은 성적을 내는 것은 어렵지 않았다. 내가 하고 싶은 공부를 했기 때문에 며칠이고 밤을 새워도 피곤하지 않았다.

버클리 음대 오디션을 준비하는 동안 아이의 얼굴엔 그 어느 때보다도 빛이 났다. 아니 행복해보였다는 표현이 맞을 것이다. 실패를 걱정하는 모습은 찾아볼 수 없었다. 힘들지 않느냐는 엄마의 걱정에 자신은 너무 행복하다고 말했다.

바로 그것이었다. 학원에 다니라고 말하지도 않았고 연습하라고 단 한 번도 말한 적이 없다. 솔직히 고등학교 때는 연습량이 적은 것이 아닌지 내심 걱정도 하고 잔소리 한 적도 있지만 이제는 그럴 필요가 없었다. 자신이 원하는 일을 하고 있었기에 누구의 잔소리가 필요 없었다.

수민이는 이제 광산에서 어느 광부가 발견한 원석이다. 그 원석은 클래식 연주에는 큰 재능이 없어 보였지만 실용음악 대학인 미국 버클리음대의 교수 눈에는 다듬고 광을 내면 빛을 발할 보석으로 보였던 것이다.

필자가 대학에서 강의하는 동안 많은 학생들이 자신의 적성에 맞지 않는 과를 선택해 적응하지 못하고 중도에 포기하는 경우를 많이 보아 왔다. 그 학생들에게 무조건 수업에 열심히 참여하라는 말은 어울리지 않았다. 그렇다고 교수 입장에서 학교를 그만두라는 말은 더욱 할 수가 없다.

부모님들은 아이들이 뭘 원하고 뭘 잘하는지 끊임없이 관찰하고 살펴야 한다. 대부분의 부모들이 못하는 것을 더 관찰하고 있다. 부족한 부분을 채워주는 것이 아이를 위한 것이라고 생각할 수도 있겠지만 하기 싫어서 잘못하는 것을 더 시킨다면 아이는 어떨까를 생각해보아야 한다.

얼음보다 차가운 엄마

공부에 재능이 없다?

수민이가 유치원 때, 아무리 봐도 공부에 재능이 없어
보였다. 그래서 학습지를 끊고 공부를 시키지 않았었다.
이것을 후회한 적은 없지만 그 과정에는 분명 문제가 있
었다.

엄마의 무모할 정도로 냉정하고 너무 빠른 판단으로
아이는 분명 상처를 받았다. 5~6세쯤 어린 나이여서 본
인은 그 과정을 잘 기억하지 못하지만 그 사건은 아이의
무의식에 저장되어 있었다. 아니 내 무의식에 저장되어
있었다. 나를 돌아보는 시간을 통해 그런 하나하나의 사
건들이 마음에서 올라올 때마다 가슴을 도려내는 듯 아
프고 고통스러웠다.

엄마는 내가 좋아하는 학습지를 풀면서 화를 낸다.
학습지가 무엇을 하는 것인지는 정확히는 모르지만
예쁜 학습지가 오는 날은 기쁘기만 하다.

나는 엄마가 퇴근하기를 기다렸다.
그러나 엄마는 예쁜 책이 오면 무언가에 쫓긴다.
이것저것 시키며 계속 화를 낸다.
그리고 학습지를 끊어버렸다.

아이의 문제가 나 때문이라니… 아무 힘도 없고 의사
표현도 제대로 할 수 없는 아이에게 알록달록 그림책처
럼 예쁘게 만들어진 학습지는 기다림의 대상이었다. 엄
마는 아빠도 없애버리고 자신이 누려야할 당연한 것들을
빼앗아 버린 가해자였다.

누구의 잘못일까? 나도 너무 억울했다. 나보고 어떻
게 하라고… 모든 것을 아이 아빠 탓이라고 말하고 싶었
다. 그가 나를 힘들게 해서 나도 어쩔 수 없이 이렇게 밖
에 못한다고… 남편이 똑바로 살아 줬으면 이런 일이 생
기지 않았을 것이라고… 나도 너무 힘들어서 어쩔 수 없
었노라고….

가슴이 답답했다. 시원하지 않았다. 그런데 나도 똑같
은 인간이란 사실을 알게 된 순간 답답한 가슴이 풀리기
시작했고 아이에게 미안한 마음에 참회의 눈물이 이내
통곡으로 바뀌었다.

상대 탓만 하면 아무것도 바뀌지 않는다. 상대의 잘못은 내가 어떻게 할 수가 없다. 내가 할 수 있는 것은 내가 잘못한 것들을 인정하고 바로 잡아 가는 것뿐인데 나는 상대의 잘못을 알려주고 상대를 바꾸고 싶어 했다. 그러나 아무것도 바꾸지 못했다.

그때부터 나는 가슴속에 맺혀있는 것들을 어릴 적 기억부터 하나하나 꺼내어 정리하기 시작했다. 어디서부터 어떻게 잘못되었는지 그 때는 알 수 없었지만 지금 돌이켜 보면 나를 송두리째 바꿔버린 계기가 되었음에 틀림없다. 바로 Mind Up 교육이 이런 것이다.

Mind Up 교육을 접하기 전에는 아무도 배려할 줄 모르고 내 생각만이 옳다고 믿는 얼음처럼 차가운 엄마였다. 이 사건 이후 나는 조금씩 변하기 시작했다. 아이를 내 소유물이 아닌 하나의 인격체로 존중하며 객관적으로 바라보려고 노력했다. 그래서 아이를 이제 지지해 줄 수 있는 엄마가 되어 갔다.

Mind Up 교육에서는 자식을 '믿고 기다리라'고 한다. 어쩌면 너무나 막연한 말처럼 들릴지도 모르겠다. 대부분의 부모님들은 자신조차 믿지 못하고 있다. 아니 잘못된 믿음을 가지고 있다는 표현이 맞을 것이다. 본인의 생각만 옳다고 생각하는 잘못된 믿음 말이다. 자신에 대한 올바른 통찰이 없이 자식에 대한 객관적이고 올바른 통찰이 가능할 리 없다. 그것이 무엇보다 선행되어야 할 숙제이다.

이 교육 이후 필자는 수민이를 크게 세 번 기다렸다. 대학을 가기 전 4년, 대학교를 휴학하고 한예종 준비할 때 1년, 다시 휴학하고 버클리 음대 준비하는 것 4개월.

처음의 기다림

처음 고등학교 시절의 기다림은 초조했다. 내 마음 한 구석에서 보상받아야 한다는 소리가 울려왔기 때문이다. 너를 위해서 나의 삶을 포기하고 아빠와 재결합했는데 네가 못하면 난 아무것도 얻은 것이 없다는 무언의 외침이 들려오는 것이었다.

그러나 그 불안감은 오래가지 않았다. 엄마랑 부딪치면 폭발하고 밤이면 친구들과 어울리며 방황하던 수민이는 어느새 모범생이 되어 있었다. 그리고 고 3이 되었다. 학교 3군데 원서 낸 것이 다 합격하였다. 수민이가 지원한 학교는 엄마 형편 생각하고 지원한 전남대학교, 그리고 서울의 동덕여대, 시립대학교였다.

어느 학교를 가야 하냐는 고민에 나는 전남대학교를 추천했다. 전남대는 사범대학이고 아이가 졸업 후 임용고시만 합격하면 평생 직장이 보장되어 편안한 삶이 보장될 것 같았다. 그리고 딸이다 보니, 멀리 서울로 보내 잘 지낼지 걱정하는 것보다 집에서 데리고 있고 싶었다.

다시 딸을 소유하려 하는 못된 버릇이 나온 것이다.

편한 것을 원하지 않는다

필자의 이상이 소박한 것이었을까? 사범대학의 학교 성적이 잘 나와 엄마를 안심시키던 수민이는 분명 학교에 적응하지 못하고 있었다. 이 아이가 복에 겨운 것일까? 분명 이 정도의 학교면 예전 방황하면서 꼴찌하던 수민에게는 충분한 것이었는데 도대체 뭐가 문제란 말인가!

수민이가 붙은 세 개의 대학교 중, 지금 다니는 사범 대는 음악을 배우는 것이 아닌 교육 이론을 배우는 학교 였고, 서울의 두 학교는 연주자가 되기 위한 학교였다. 자신의 음악생활을 엄마가 교육생활로 패턴을 바꾸어 버린 것이다.

바다고기를 민물에 넣어 놓고 적응하기를 바라는 것 자체가 원칙적으로는 이상한 것이었다. 그냥 처음부터 서울로 보낼 것을… 딸아이는 품고 있어야 한다는 헛된 내 욕심 때문에….

내가 적응하지 못하는 것을 누가 적응하라고만 강요한다면, 그 사람은 이해해 주지 않는 사람이다. 난 이해해 주지 않는 엄마가 되기 싫었다.

수민이는 절대음감의 재주를 가진 아이인데, 내 욕심으로 재능이 썩는다면 말이 안 되는 일이다. 그래서 결국은 자기 자리로 가기로 하고, 난 두 번째 기다림이 시작되었다.

두 번째 기다림은 실패였을까? 한국예술종합학교에 떨어지고, 수민이는 다시 학교로 복학했다. 실망도 하였다. 괜히 시간을 버렸다는 생각 때문에…. 학교에 가면 다시 적응할 줄 알았는데 수민이는 싫은 것은 싫다고 표현하는 아이다.

다시 휴학을 했고, 난 세 번째 기다림에 들어가야 했다. 아니 이번엔 기다림이라기보다 자신이 원하는 것을 할 수 있도록 격려하며 아이가 초조해 하지 않도록 내가 마음을 다스렸다는 것이 더 올바른 표현인 듯 싶다.

내가 똑바로 살면 아이도 똑바로 살게 된다.
잔소리하기 전에 나를 돌아보라!

그러면서 돌아보니 문득 수민이는 어엿한 아가씨가 되어 있었다. 나는 중년을 넘어선 아줌마였고….

　수민이는 나의 세 번째 기다림에 큰 선물을 안겨다 주었다. 버클리 전액 장학생이 되었다는 것이 선물이 아니다. 나의 믿음이 틀리지 않았다는 것을 결과로 보여줬기 때문이다.

아이들은 망가진 기계가 아니다

우리 부모들은 항상 아이에게 문제를 찾으려 노력하고, 그 아이들을 고치려 노력한다. 필자가 묻겠다. 당신의 아이들은 불량품입니까?

"누구의 아이든 그 아이는 옥(玉)입니다."

옥은 깎아야 옥이 되는 것이지, 고쳐서 옥이 되는 것은 아니다. 일단 아이들을 있는 그대로 인정해야 한다. 고쳐서 무엇을 하는 것이 아니라, 아이의 모양을 이해하고 그 모양에 맞는 작품이 나올 수 있도록 도와주는 것이 부모와 선생님의 역할인 것이다.

왜? 공부하기 싫다는 애한테 억지로 공부만 주장하는가? 왜? 예체능의 소질이 없는 아이에게 예체능을 하게 압박하는 것일까?

아이들은 다듬어 지지 않은 보석과 같다. 이런 아이들이 자신들의 상처로 인해 행복하지 않은 삶을 살게 되고 자신의 재능을 발견하지 못해 무기력한 아이가 되거나, 아픈 마음을 표현하는 여러 가지 행동으로 인해 문제아로 낙인찍히는 경우는 없어야 한다.

많은 아이들이 문제아로 낙인찍혀 비행을 저지르거나 돌이키기 힘든 상태로까지 치달아가는 경우를 보면, 부모의 관심으로 인해 캠프에 오는 아이들은 그래도 희망이 있는 행복한 아이들이었다.

익힐 습(習)

요즘 아이들은 부모가 대부분 해 주어서인지 끈기가 많이 없다. 김연아의 재능은 연습으로 인해 완성된 것인데, 많은 사람들은 조금 해 보다가 안 되면 자신의 재능을 스스로 폄하하고 포기해 버리고 한다.

습관이라는 것은 좋게 갖추어지면 성공의 지름길이요, 나쁘게 굳어지면 실패의 지름길이 된다. 위의 익힐 습자의 한자 어원은 새의 날개모양의 상형문자와 흰백의 합성어이다. 흰백을 넣은 것은 새하얗게 닳는다는 의미도 있는데 새가 날려면 수많은 연습을 한 후에 이루어진다는 의미이다.

나쁜 습관은 대부분 쉽게 무엇을 얻으려 한다는 안 좋은 취지에서 일어나고, 현실을 도피하기 위해 방편으로 사용하다가 굳어진다. 예를 들면 쉽게 남의 것을 가로채려는 사기와 도둑질이 있고, 현실을 이겨내지 못해 마음의 평온을 스스로 찾기 위해 게임이나 도박에 빠지는 것을 예로 들 수 있다.

부모는 아이가 힘든 날갯짓을 배울 때 결코 질타하거나 초초해 하며 급하게 서두르면 안 된다. 아직 병아리인 우리 아이들은 마음이 그리 견고하지 않다. 부모가 안타까운 시선을 보내거나 한숨 쉬는 모습을 보면 이내 자신감을 잃고 포기하고 만다.

부모의 뜻은 아이가 빨리 잘하면 좋겠다는 생각이었겠지만, 그러한 생각을 한 대가는 실로 참혹한 것이다. 아이가 무엇을 할 때 그것이 바른 것이라면 한 발자국 떨어져서 기다려주고 격려해 주는 지혜가 반드시 필요한 것이다.

쉽게 얻어지는 것은 없다

불나방

왜 불나방은 밤에 불빛을 찾아 뛰어들까? 환하디 환한 낮엔 잠만 자고…. 우리는 이러한 불나방을 어리석음의 대명사로 많이 표현한다.

선지자들의 눈에는 많은 것들이 보인다. 우리가 불나방이 불에 뛰어들 때 자기 몸을 태울 것을 아는 것처럼 말이다. 우리 대다수의 사람들은 불나방이 되지 않기 위해서는 선지자, 즉 스승의 도움을 받아야 한다.

필자 역시 인생의 대부분을 스승 없이 보냈다. 그러나 환경이라는 스승이 나에게 목적을 주었었다. 이 상황을 벗어나려면 노력해야 한다는 현실이었다.

28살 되던 해에 편입이라는 새로운 교육제도가 출범하였다. 가정환경 때문에 전문대 진학밖에 할 수 없었던 필자에게는 굉장한 희소식이 아닐 수 없었다. 결혼 생활에서도 행복을 못 찾고 낙담하고 있던 시절 편입제도는 내 인생의 작은 불씨가 되었다.

편입에 성공하여 학사학위를 가졌고, 바로 대학원에 입학하여 석사학위를 취득하였다. 대학은 전부 장학금을 받고 다니면서 학업을 마쳤다. 박사과정 또한 수료하고 현재는 박사 논문을 준비하고 있다. 내 인생에서 공부는 숙제가 아닌 즐거움인 것이다.

딸아이를 위해서라도 나는 박사학위를 취득해야 한다. 어릴 적 옆집 아주머니에게 수민이가 했던 말 "우리 엄마는 박사에요 박사!" 지가 박사가 뭔 줄 알고….

부모가 자신은 발전할 생각을 안 하고, 자신은 실패했고 더 이상 발전가능성이 없다고 스스로 판단한 채, 자식에게 모든 기대를 건다면, 그것 역시 커다란 모순이다. 자신이 실패한 것을 왜 자식에게 전가하는가? 부모랑 아이, 아니 이 세상 누구도 끊임없이 노력해야 한다.

수민이에게는 늘 공부하느라 바빠서 같이 놀아주지 못해 미안했지만 이렇게 엄마에게도 열심히 무언가를 위해 노력할만한 꿈이 있다는 것이 한편으로는 긍정적으로 작용했다.

인성연구원에서 상담을 하다가 얻은 결과이지만, 아이들의 성적에 집착하는 부모는 크게 두 부류다. 부모의 학력이 출중해서 자식 역시 자신 정도는 되어야 한다는 부류와, 여러 사정으로 자신이 못한 것을 아이가 해 주길 바라는 부모이다.

공부를 왜 했을까? 공부는 내 어릴 때의 한이었을까? 야간고등학교를 다니며 학교종을 치고, 은행 심부름 다니면서 인문계 고등학교에 다니는 아이들을 부러워했던 땡순이… 이유야 어찌 되었든 이 과정을 통해 '사람은 하고 싶은 것은 해야 한다.'는 것을 깨달았다. 안 하면 병이 된다.

쉽게 바뀌지 않는다

내 인생의 변화가 필요하다고 느낀다면, 그 느낌 자체가 당신에게 행복과 성공을 가져다 줄 것이다. 변화라는 것은 전환을 뜻하고 전환은 바뀌는 것을 말한다.

만약 아이에게 변화가 있어야 된다고 생각한다면, 부모가 긍정적인 아이들은 부모나 아이가 쉽게 바뀐다. 그렇다면 사람은 왜 쉽게 바뀌지 않는가? Mind Up 교육이론에는 다음과 같이 설명한다.

사람이 살아가는 세상에는 두 가지 차원의 세상이 있

다. 하나는 밖에 객관적으로 펼쳐진 세상이며 또 하나는 인간만이 가지고 있는 마음의 세상이다. 우리는 밖의 세상에서 보고 듣고 배우고 체험한 것을 그대로 복사하여 각자의 마음속 세상을 만들어 놓고 그 마음속 세상을 통해 밖의 세상을 인식하고 평가하며 살아간다.

마음속 세상은 생각과 감정으로 만들어 놓은 세상으로 이는 사람마다 다 다르다. 따라서 같은 상황을 놓고도 마음속 세상이 다르기에 그것에 대해 인식하고 느끼는 것이 다르다. 비유하자면 이는 어떤 색안경을 끼고 세상을 보느냐에 따라 세상이 다르게 보이는 것과 마찬가지다.

여기 A라는 사람이 있다면 A는 우주 속에 존재하는 한 생명이다. A는 한 사람이지만 사람은 각자의 마음속에 자기 관점대로 A를 복사하여 담아놓고 산다.

예를 들어 부모의 입장에서는 착한 아들이고 배우자의 입장에서는 무관심한 남편일 수 있고 자녀에게는 엄한 아버지일 수 있다. 이렇게 보는 사람의 입장에 따라 A에 대한 평가가 다 다르다.

A를 좋은 사람이라고 담아 놓은 사람은 자기 마음속에 A를 떠올리면서 행복하고 즐겁지만, A는 나쁜 사람이라는 상을 가지고 있는 사람은 A 때문에 괴롭고 스트레스를 받을 것이다.

사람은 각자의 마음속에 자기 나름대로 A의 상을 만들어 놓고 그것이 사실인 것처럼 하고 살지만 마음속의 그 A는 진짜가 아니라 가짜이다. 그 이유는 나만의 생각과 느낌 감정으로 A를 그려놓았기 때문이다.

　우리는 마음속에 그려놓은 세상을 바탕으로 밖의 세상을 인식하고 살지만 마음속에 세상이 왜곡되게 잘못 그려져 있다면 그 사람이 인식하는 세상은 어둡고 괴로운 세상이 될 것이다. 사람이 살면서 힘들고 고통 받는 이유는 각자 자기 마음속에 가지고 있는 인식이나 관념이 진짜라고 믿고 그것에 대해 집착하기 때문이다.

　무엇이 바뀌려면, 현실을 바로 보는 능력이 매우 중요하다. 바로 본다는 것은 고정관념의 탈피가 동반되어야 한다. 자신이 하는 것은 다 맞다고 생각한다면, 스스로 바뀔 것이 없기 때문에, 바꿔야 할 필요성을 못 느끼고, 결과적으로 바뀔 일이 없다.

　종합해 보면, 이러한 이론들은 머리로는 알아도 가슴으로 오는데 시간이 걸리게 마련이다. 또한 그것을 실천하기에는 더 많은 시간이 필요하다. 이 시간이 단축되는 것은 진실에 대한 스스로의 깨달음과 자신의 의지와 노력이다. 이러한 모든 것을 더 쉽게 만들어 주는 것은 바로 교육이다.

잔혹하지만 공평한 현실

인정하라!

개천에서 용이 나는 일은 많지 않을 것이다. 개천에서 용이 났다는 그 몇 개의 사건 때문에 우리는 모두 용이 되고 싶어 한다. 그렇지만 그렇게 용이 나오면 개천에서 나오든 어항에서 나오든 용이라는 것 자체가 대단한 일이 될 수 없을 것이다.

즉, 매우 드문 일이라는 것이다. 그렇다고 희망을 버리라는 것은 물론 아니다. 자신의 능력을 파악하여 그 능력을 최대한 발휘할 수 있도록 역량을 키우는 자신만의 플랜과 꿈이 필요하다는 이야기다.

언제부터인가 우리의 아이들이 자신의 공부 능력에

맞추어 진로를 결정하는 어이없는 상황이 발생하고 있다. 공부를 정말 잘하는 아이들은 의대나 법대를 간다. 잘하는 아이들은 상위권 대학에 가서 좋은 곳에 취직할 수 있는 발판을 만든다.

중위권 아이들은 학력은 안 되니 이런저런 스펙을 쌓아 잘하는 아이들과 다시 한 번 경쟁의 기회를 가지게 된다. 하위권 아이들은 대부분 인생의 빛을 잃게 된다. 어쩌다가 사회가 학업공부로 거의 모든 것이 짜여져 돌아가게 된 것일까?

그렇다면 의사가 되면 다 성공하는 것일까? 의사가 되려는 많은 사람들 중에서 희생과 봉사정신의 슈바이처 정신보다는 사회적 지위를 인정받고 그에 따르는 보수 때문에 선택하는 이들이 많다는 것을 부정할 수 없다.

다른 말로 돈을 잘 벌기 때문에 의대에 가는 사람이 많다는 이야기다. 필자가 상담했던 한 학생도 공부를 아주 잘했다. 그 학생은 경제적으로 편안한 삶을 위해 의사가 되겠다고 했다. 필자는 그 학생에게 "의사는 네 말처럼 좋은 직업이지만 힘든 직업이란다. 그렇다면 어떤 의사가 되고 싶은지 생각해 보라"고 했다. 그 학생에게 앞으로 닥치게 될 많은 난관들을 헤쳐 나갈 동기가 필요하기 때문이다.

필자는 현재 병원에서 근무하기 때문에 비교적 의사들을 많이 보게 된다. 이 분들 중 환자들에게나 직원들에게 인기가 많고 존경받는 의사들은 자신의 직업에 대한 사명이 확실한 분들이다.

의사라면 무조건 돈을 많이 번다는 생각도 요즘엔 맞지 않다. 왜냐하면 어느 정도 자금이 모이면 개업을 꿈꾸는 의사들이 너무 많다. 개업을 시도하였던 많은 의사들이 폐업의 쓴 맛을 보는 것을 너무나도 많이 보아왔다. 조그마한 의원이라도 폐업을 하게 되면, 금전적 피해는 상상 이상이다.

병원이라는 직업 분야는 편의성을 위한 지역에 위치해야 하기에 임대료가 높은 곳에 위치하고, 각종 기구들이 고가이고, 인테리어 비용 역시 일반 업종에 비해 상당하다. 한번 폐업을 하게 되면 거의 모든 것을 잃게 된다는 것이다.

이제 반대의 예를 들어보자. 그렇다면 공부 못하는 아이들은 다 사회의 패배자가 되는 것인가? 공부 못하는 아이들도 두 부류로 나눌 수 있다. 머리는 좋지만 재능과 학습 동기를 찾지 못한 경우와, 공부에 대한 이해력이 부족하지만 공부 외에 다른 잘하는 것이 많은 경우이다.

후자의 경우는 좋은 멘토를 만나 자신이 잘하는 것을

더욱 잘할 수 있도록 개발하면 반드시 성공한다. 그러기에 이런 학생들에게는 많은 관심과 배려가 필요하다. 공부 능력이 안 되는데 무조건 꿈을 가지라고 하면서 공부만을 시키는 것은 옳지 않다.

그러나 전자의 경우는 상황이 조금 다르다. 이들은 각종 환경에 의해 자신들의 능력을 가지고만 있던 아이들이다. 이 아이들이 자신의 능력을 발굴하지 못한 가장 큰 이유는 부모가 이를 허락하지 않거나 자신이 처한 상황이나 상처에 의해 그 능력이 가려진 경우이다.

이러한 아이들은 부모의 소유에서 벗어나 자기 스스로의 삶을 살아갈 때 자신의 능력을 사용하기 시작하고, 이로 인해 부모가 생각했던 것 이상으로 좋은 성과를 보이며 성장하게 된다. 한국인성연구원의 정기 후원자 중에서도 이런 분들이 많이 있다.

뱁새가 황새를 쫓아가려 하면 다리가 찢어진다고 하였다. 그렇다면 뱁새는 무조건 황새에게 열등한 존재인가? 뱁새는 작은 몸을 바탕으로 황새보다 훨씬 민첩하고 좁은 곳도 자유자재로 날 수 있다. 황새가 뱁새의 이러한 재주를 따라 하려면 날개가 부러지고 만다. 다 각자의 능력과 재주가 있는 것이다.

대부분의 아이는 스스로의 능력을 잘 느끼고 있다. 그

래서 선택을 해도 아쉽게도 부모들이 인정하려 하지 않는다. 도대체 자신의 자식을 평생 마마보이로 관리하려는가?

아이가 어느 대학을 가느냐가 중요한 것이 아니라, 무슨 위치에 있든 행복을 찾게 해 주어야 하는 것이 부모이다. 아이든 어른이든 자신이 하고 싶어 하는 일을 해야 행복하다.

사회에 나와 살다보면 자신이 좋아하는 일을 하고 살아도 나날이 행복하지 않다. 자본주의 사회에서 자신이 좋아하는 일이든 싫어하는 일이든 결국은 돈을 벌어야 한다는 목적으로 귀결되기 때문이다.

그래도 자신이 좋아하는 일을 해야 능률도 오르고 그 능력이 인정받아 더욱 더 지위가 오르고 즐거워 질 수 있다.

그래야 정신이 건강해지고 주변을 돌아볼 줄 아는 관용의 미덕이 갖추어지게 된다. 이를 어릴 때부터 부모가 이끌어 준다면, 아이는 건강한 정신으로 자라 사회에 이바지하는 사람이 될 수 있다.

The Ugly Duckling Mind Up!

백전백패

필자가 캠프에서 멘토링을 했던 아이들은 다양한 방법으로 자신의 마음을 표현하고 있었다. 부모와 소통이 되지 않는다고 말했던 아이들의 부모님들은 자신의 생각이 늘 옳다는 생각 때문에 자녀들을 숨 막히게 하는 경우가 대부분이었다. 그러나 아이들은 부모를 힘들게 하면서도 부모님을 너무 사랑하고 걱정하고 있었다.

부모들은 자녀가 바뀌기를 바라면서 캠프에 보냈다. 그러나 정작 상담을 해 보면 부모가 바뀌어야만 자녀 문제를 해결할 수 있는 경우가 대부분이다. 하지만 부모는 그것을 인정하기 힘들어한다. 아니 인정해도 바꾸기를 거부하거나 두려워한다.

필자는 Mind Up 인성교육을 받은 수민이가 예의바른 청소년이 되어 딸 잘 키웠다는 소리를 듣고 싶었지만, 그것보다 아이는 자신의 길을 열어 가는데 더 많은 에너지를 쏟고 있었다. 버릇없이 구는 아이에게 내가 했던 말…

"사람 같지 않은 것한테 엄마가 힘들여 이런 것 가르칠 필요가 없어! 더 이상 바이올린을 시키지 않을 거다!"

그리고 바이올린을 뺏어버렸다. 그 길로 아이는 집을 나갔다. 나중에 안 사실이지만 나한테 언어폭력을 당하거나 학대받을 때면 아이는 자신의 몸에 자해를 했다.

부모는 자녀를 이길 수 없다. 백전백패다. 이 세상에 그의 허락 없이 내보낸 죄 때문에… 그래서 부모는 늘 모든 것을 희생해야 하는 존재인가 보다.

아빠와의 재결합은 아이와의 관계에 있어서 힘든 부분들을 많이 해결해 줬다. 아이는 자신의 소원을 들어주기로 한 약속 때문에 싫어하는 아빠랑 재결합한 엄마한테 어쩌면 미안한 마음이 있기도 했을까? 아니 고마웠을까? 아빠랑 함께 살게 되면서 아이는 정서적으로 안정을 찾기 시작했다.

결손가정의 많은 아이들이 수민이처럼 양쪽 부모와 다시 함께 살 수 있는 행운을 누리기는 쉽지 않을 것이다. 하지만 비밀로 간직하면서 위축되지 않았으면 좋겠다.

그러려면 부모가 먼저 위축되지 않을 만큼 현명한 선택을 해야 하고, 그 선택이 자녀에게 영원히 상처로 남겨지지 않도록 끊임없이 자녀와 소통하기 위해 노력해야 한다. 왜냐하면 자녀에게 나와 같은 삶을 물려주지 않기 위해…

부모가 결혼에 실패했다면 실패의 원인을 객관적으로 정확히 분석해서 자녀에게 가르쳐 줘야 한다. 나의 분신인 자녀가 나와 같은 실패를 경험하기 원치 않는다면 말이다. 적당한 변명과 자기 합리화는 자녀의 현재와 미래에 전혀 도움을 주지 못한다.

우리 엄마의 일기장처럼 자신을 피해자로 만들고 영원히 비련의 여주인공이 되어 불쌍한 엄마로 남는 것이 현명한 일이 아니었던 것처럼 말이다.

허전함 때문에 이성을 만나고 사랑받기 위해 결혼하는 것이 얼마나 위험한 일인지 필자는 경험을 통해 잘 알고 있다. 누가? 인간은 혼자서는 살 수 없는 동물이라고 했던가!

그것이 반드시 이성과의 관계에만 해당되는 것이 아니라 여러 가지 장단점을 가진 사람들이 어울려 서로에게 부족한 것들을 채우고 살아야 한다는 의미이다. 외롭지 않기 위해 결혼을 한다면 더 외로워질 수밖에 없다.

혼자 있어도 외롭지 않을 때 결혼하라!
외로움이란 상대가 채워주는 것이 아니기 때문에….

필자의 경험에 의하면 가슴속에 남아있는 많은 감정의 뿌리들이 해소되고 나면 마음이 편해진다. 사소한 자극에 쉽게 반응하며 상처받는 상황들이 자신도 모르는 사이에 점점 사라지기 시작한다. 이때 비로소 타인과의 관계, 즉 배우자와의 관계 또한 원만하게 형성될 수 있다. 혹, 부부 사이가 원만하지 않거나 어떤 상대를 도저히 이해할 수 없다면 그것을 느끼고 있는 자신부터 가슴속에 남아있는 감정의 뿌리들을 해소해 보자.

외로움이라는 손님

외로움이란 적이자, 친구이자, 손님이다. 생을 마칠 때까지 항상 옆을 떠나지 않을 것이다. 난 항상 즐거워~ 라고 말하는 사람이 있다면, 생물의 본질을 파악하지 못하는 어리석은 사람이라고 해도 무방하다.

인간은 스스로 외로움을 느끼고 이것을 벗어나기 위해 다양하고 많은 시도를 은연중에 행하고 있다. 외로움은 심리적 요인에 속한다. 신체와 심리의 차이점이 있다면 눈에 보이냐 보이지 않냐의 차이라 봐도 될 것 같다.

신체와 심리의 차이점은 신체는 단련하면 단단해지고, 자꾸 동일하게 어떠한 현상과 접촉을 하게 되면 그것이 익숙하게 느껴진다. 그러나 심리적 요인, 그 중에서도 외로움은 자주 느낀다고 해서 절대로 그것에 익숙해지지 않는다.

외로움은 시간이 갈수록 두렵고 피하고만 싶어지는 그 무언가가 되어버리고, 정신적 질환이라는 친구도 데리고 온다. 그래서 사람들은 외로움을 극복하기 위해 많은 노력을 기울여 보지만, 번번이 농락당하고 만다.

외로움이 무서운 가장 큰 이유는 평온을 깨트리기 때문이다. 그래서 이를 억지로 피하려 하고, 자기가 외롭다고 스스로 자꾸 각인하는 순간 강박장애라는 덫에 걸리고, 이 정도 되면 타인의 시선에도 보이기에 더욱 스스로 고립되고 만다.

혼자란 외로운 단어인가?

그러나 살다보면 어쩔 수 없이 혼자 있어야 할 때가 있고, 혼자 결정해야 할 일들을 만나게 된다. 아니 주변의 도움이 독이 될 때도 있기에, 자신의 주관적 결정은 인간에겐 매우 필요한 요소이다.

외로움이란 고독을 경험해 본 이는 여럿이 있었을 때 당연하게 여기던 것들에 대해 감사한 마음을 갖게 된다. 이 경험은 '무리'에 대한 고마움을 느끼게 해 준다. 감옥에서도 죄수들이 독방에 가기 무서워하는 이유는 바로 이 외로움 때문이다.

혼자 있기를 원하는 사람 또한 많다. 승려들이나 자신

의 수행을 위해 자아성찰의 시간을 가지거나 하는 사람들이다. 그들이 외롭다고 하지는 않을 것이다. 즉, 외로움이란 혼자냐 아니냐의 기준은 아닌 듯 하다.

인간이 본질적으로 외로움을 느끼는 존재라면 도대체 그 외로움은 어디서 오는 것일까? 남들이 봤을 때 꽤 성공도 하고 괜찮은 직업을 갖고 주위에 사람들도 많고 자신이 좋아하는 운동도 하면서 사람들과 잘 어울려 다니지만 늘 외롭고 허전하다고 하는 사람들이 있다. 그렇다면 그 외로움은 타인으로부터 채워지는 것이 아님을 알 수 있다.

필자도 과거에는 혼자 있는 것이 너무 싫었고 혼자 있거나 누군가를 기다리는 시간이 빨리 지나가기를 바라는 마음에 잠을 청하거나 쓸데없는 일들을 하면서 시간을 허비하던 때가 있었다.

그러나 Mind Up 교육을 통해 나를 고민하게 만드는 여러 가지 생각으로부터 벗어나 내면의 평안함을 맛 본 후부터는 근본적으로 인간을 외롭게 만드는 것이 무엇인지를 곧 깨닫게 되었다. 다시 말해 더 이상 외롭지 않다. 이 깨달음은 글이나 말로 표현할 수 없고 각자가 자신의 내면에서 체험을 통해 스스로 느껴봐야 할 것이다. Mind Up 교육은 그 길로 당신을 안내할 것이다.

강수민의
에피소드

EPISODE

The Ugly Duckling Mind Up!

내가 스스로 세운 목표

음악을 좋아하지만, 한편으로는 안정적인 직업을 얻고 싶었다. 남들은 잘한다 잘한다 했지만, 연주에 소질이 없다고 판단하여 연주자가 아닌 선생님을 선택하였다. 그러나 사범대학교를 다니는 동안 행복하지 않았다.

주위에서도 내가 공부를 잘한다고 인정해주고, 선생님은 좋은 직업이라고 해서 거기에 만족하며 살다보니 세상을 점점 좁게 보기 시작하였다.

안정적인 직업이 최고,
지금 학점 잘 받는 것….

우습게도 어떠한 선생님이 되고 싶다는 마음조차도 없이 일자리를 얻을 수 있다는 것만 생각하는 것은 나를 초라하게 만들었다. 정확한 표현으로는 미래에 대한 열정이 생기지 않았고, 무작정 남을 가르치는 것이 내 진정한 목표는 아님을 깨달았다.

생각의 수렁이란 이런 것일까? 내가 사범대에 다니는 목적이 무의미하다는 생각의 팽배함 속에 공부할 마음이 전혀 안 생겼다. 그래서 1학년을 마치고 1년을 휴학하는 동안 내가 원하는 음악이 하고 싶어서 다시 음대에 지원하게 되었다.

결과는 쿨~ 했다. 다 떨어졌다. 그래서 미래가 안정적인 선생님… 다시 2학년으로 복학했다. 하지만 역시나 학교생활에 만족하지 못하였다. 마치 정신이 죽어있는 느낌이라고 표현하면 맞을 듯 하다.

학교생활하면서 우연히 한국인성연구원에서 봉사활동을 하게 되었는데 맡은 분야가 홍보 영상에 쓰이는 배경음악을 작곡하는 일이었다.

'뭐 이리 재미있는 일이 있지??' 너무 재미있고 밤을 새면서 해도 잘하고 싶은 의지가 더욱 더 불타올랐다. 그동안 바이올린을 연습해온 것보다 흥미가 있었다. 무대에 선 순간보다 내 음악이 완성되었을 때의 희열과 만족감의 감정은 표현할 대체명사가 없다.

내가 진짜 만들고 싶은 음악은 베트맨이나 분노의 질주 같은 영화에서 나오는 화려하고 웅장한 음악인데 제대로 배우지 않은 초보수준에서는 작곡하는데 한계가 있어서 제대로 배우고 싶다는 생각을 하기 시작하였다.

이왕 배우는 것 정말 제대로 배워보자는 생각에 실용음악대학을 찾아보았다. 하지만 한국의 실용음악학교를 갈 바에야 학원을 등록해서 다녀도 충분하다고 생각이 들었다. 좀 더 제대로 배울 수 있고 특별한 교육을 찾다 보니 유학까지 생각하게 되었다.

그중에서 미국을 골랐다. 영화산업이 잘 발달되어 있기 때문이다. 인터넷에서 해외 실용음악대학을 쭉 찾아보니 요즘 대세인 세계적인 가수 '싸이'를 배출한 버클리음대가 눈에 띄었다.

하지만 버클리 음대는 천재만 가는 곳이라고 하고, 나도 그렇게 생각해서 내가 갈 수 있는 곳이 아니라고 생각했다. 그래서 더 쉬운 학교들을 위주로 찾다가 문득 이러한 생각이 들었다.

'해외까지 나가는데 쉬운 학교를 간다면 한국에서 공부하는 것과 무엇이 다를까??'

그래서 다시 어려운 학교 위주로 찾기 시작했다. 내가

배우고 싶은 것은 영화음악 작곡인데 큰 학교들에서 거의 '상업음악'이나 '작곡'이런 식으로 크게만 나눠져 있었고, 버클리만 유일하게 학사 중에 '영화음악'전공이라는 과가 따로 개설되어 있었다.

그래서 다른 생각할 것 없이 버클리를 가야겠다고 마음먹었다. 다른 생각을 했다면 내가 사범대에 만족을 느낀 것 또한 거짓인 것이다!

하지만 모든 것을 다시 새로 시작하기엔 늦었다는 생각과 버클리에 합격하지 못할 것이라는 불안감이 있었다. 하지만 진정으로 내가 배우고 싶은 것을 찾아냈는데 겨우 두려움 때문에 다시 사범대에 돌아간다면 제대로 공부하지 못할 것이란 것을 알고 있었다.

그래서 버클리 음대 입시 준비를 위해 과감히 다시 휴학을 하고 좋은 학원을 다니기 위해 서울로 올라갔다. 2014년 9월부터 준비를 시작했는데 주위에서 부정적인 소리를 많이 들었다.

'공부할 마음을 못 잡고 놀고 싶어서 음악을 한다.'부터 '취미로 하면 될 것을 왜 저렇게까지 하는지? 연주에 소질 없는데 미련을 못 버렸다, 또 떨어질 것이다.'등등~

그럴 때마다 나는 사람들에게 내가 합격하지 못하면

다시 사범대에 들어가면 되기 때문에 걱정하지 말라고 말해서 안심시켜 놓고 속으론 꼭 좋은 결과를 보여줘서 잘할 수 있다는 것을 보여줘야겠다고 다짐했다.

가정에 자금 형편이 안 좋아서 장학금을 받아야만 갈 수 있는 상황이어서 더욱 걱정이 되었지만, 걱정할 시간을 줄여서 입시준비를 더 했다. 걱정을 해서 답이 나오는 경우는 그리 많지 않았기 때문이다.

나에겐 정말 간절히 배우고 싶은 것이 생겼기 때문에 합격 가능성을 따지며 버클리 음대에 도전하고 말고를 잴 마음의 여유가 없었다.

아침 11시부터 새벽 4시까지 연습실에 있으면서 연습만 했다. 나가서 친구들과 술 마시고 싶으면 연습실에서 혼자 술 먹으면서 연습했다.

놀고 싶은 마음을 참는 것은 그렇게 어렵지 않았다. 부모님이나 다른 사람들이 세워준 목표가 아니라 내가 스스로 세운 목표였기 때문에 꼭 이루고 싶었다. 물론 아주 가끔 한 번씩은 놀았다. -_-

그 어느 입시를 준비할 때보다 힘들게 준비하였지만 하루하루가 보람찼다. 내가 원하는 것을 이루기 위해 가는 과정이었기 때문에 힘드네 뭐네 하는 말은 나오는 것이 이상하지 않은가? 떨어질 수도 있다는 생각은 일부러 하지 않았다.

'그 생각이 앞으로 나아가는 나를 게으르게 만들까봐⋯.'

그렇게 준비하여 시험을 봤고, 전액장학금이라는 큰 특혜와 함께 난 합격하였다. 내가 꾸준히 꿈을 향해 갈 수 있었던 것은 진짜 내가 원하는 목표가 뚜렷했고, 주위의 좋은 사람들, Mind Up교육에서 배운 '긍정적으로 세상을 넓게 보는 사고'가 든든한 뿌리가 되어주었다.

대비책 따위는 없다

버클리 오디션에는 클래식이 아닌 재즈로 시험을 준비했는데 장르를 바꾼 지 얼마 안 되서 약간 불안한 마음도 있었다. 그러나 클래식보다는 잘 맞았고 내가 재미를 느꼈기 때문에 시험 준비를 하는 동안 즐기면서 할 수 있었다.

주위에서는 내가 철없다고 생각하는 사람들이 많았다. 하지만 한국인성연구원 사람들은 나를 격려해주고 늦은 것이 아니니 열심히 하라고 힘을 줬다.

난 정말 행운아다. 나에게 긍정적인 영향을 주는 사람들과 함께 할 수 있어서 말이다. 그리고 부모님도 나를 믿어주시고 붙어도 효도하는 것이고, 안 붙어도 효도(학비가 너무 비싸니까)하는 것이라며, 마음을 편안하게 해주셨다.

하지만 합격해도 장학금을 타야 갈 수 있다고 하며, 장학금 못 탈 수도 있으니 사범대에 돌아가든지 일 년을 더 준비해서 가능성이 있을 때 시험을 보는 것이 어떠겠냐고 하였을 때 난 그러지 않겠다고 하였다.

장학금을 떠나서 안 붙을 수도 있다고 기대하지 말라고 말하였다. 기대하였다가 실망하면 안 되니까 말이다. 예전에 수능 때 내가 원해서 엄마가 영어 과외를 시켜줬는데도 예상외로 등급이 오르지 않아 수능당일 성적 체크 후 엄마가 크게 실망하신 것 같았다.

그 이후로 엄마에게 절대 기대할 여지를 주지 않는다. 나에게 실망하셨을 때 내 존재 자체를 사랑해주지 않는 것 같아 마음이 너무 아팠다. 그래서 엄마는 기대 못 하게 만들고 난 어떻게든 붙을 것이라고 생각하였다.

일 년 더 준비해봤자 여유 있다는 생각에 묶여 내가 게을러질 것 같아서 이번을 마지막 기회로 삼고 난 붙는다고 확신을 가지며 준비했다. 내가 붙지 않았을 때의 대비책 따위는 생각하지 않고 준비했다.

탈락생과 장학생

휴학하고 한국에서 최고에 든다는 한국예술종합학교와 연세대 음대에 지원했을 때 모조리 탈락했지만 버클리 음대에는 전액장학금을 받고 붙었다. 그 이유는 관점의 차이였던 것 같다.

한국 음대에서는 정해진 입시곡을 연주하는 것만 보고 합격 여부가 결정이 났었다. 반대로 버클리에서는 총 6가지의 복합적인 시험을 봤는데 개인이 준비한 연주곡, 즉흥 연주, 음감 테스트, 리듬 테스트, 초견, 영어면접이었다.

시험장에서는 분위기가 한국 시험장과는 다르게 편안했다. 내가 마지막 순서라 교수님이 너무 지쳐있었던 것만 빼면 완벽했다. 먼저 준비한 곡을 연주했고, 그 다음

210

즉흥연주를 하였는데 반주를 준비해 갔지만 교수님이 직접 베이스로 반주를 해 주셨다.

내가 먼저 교수님 연주에 반주를 해주고 그 다음 교수님이 반주를 해주면 내가 연주를 했다. 즉흥적으로 교수님과 한 것이었는데도 호흡이 잘 맞아서 정말 다행이었다.

세 번째로 음감 테스트를 했는데 클래식에서는 써 먹을 일이 없었던 나의 절대음감이 생전 처음으로 빛을 발휘하였다.

네 번째로 리듬 테스트는 엉망이었지만, 끝까지 당황하지 않고 틀려도 잘하는 척하면서 당당하게 했다. 틀려도 멈추지 않고~ 모르는 사람이 보면 틀린 줄 몰랐을 것처럼 매우 당당했다.

그리고 초견은 악보를 받고 그것을 즉시 연주할 수 있는지를 보는 것이었는데 클래식을 해봐서 그런지 나에겐 어렵지 않았다.

마지막에 교수님께서 나에게 다른 악기 할 줄 아냐고 물어보셔서 피아노 할 줄 안다고 하니 한번 쳐보라고 했다. 엄청난 기회가 왔다고 생각했다. 어렸을 때 피아노를 많이 쳐났기 때문에 자신 있었다. 물론 너무 오랜만에 쳐서 엄청 틀렸고 피아노 터치 같은 것은 엉망이었지만, 내가 제일 좋아하는 쇼팽곡인 '혁명'을 정말 재미있게 쳤다.

순간 흥분해서 너무 재미있게 치다보니 내가 바이올린시험이 아닌 피아노 공연을 하러 왔다는 착각을 했다. 치다가 까먹어서 까먹었다고 말하고 그만 쳤다. 그렇게 음악오디션이 끝나고 영어 인터뷰를 하러 다른 장소로 이동하였다.

인터뷰하는 교수가 내 오디션을 보고 있었는데 나보고 잘한다고 해주셨다. 그리고 버클리를 왜 오고 싶어 하는지 등등을 물어보셨다.

그래서 교수님들이 듣기 좋은 말이 아닌 내가 정말 하고 싶은 말들을 솔직하게 하였고, 버클리에서 나를 붙여준다면 나중에 위키피디아에서 내 이름을 검색하면 버클리학교도 같이 뜨게 해 주겠다고 하였다.

그러자 교수는 "Oh, really?" 하며 웃어넘겼다. 이런 재미있는 말들이 좀 통했던 것 같다. 그러나 면접에서 내가 한 말들은 다 진담이었다. 한국에서는 싸가지없다고 했을 것이다.

그리고 미국에 갔었던 이야기와 라스베가스에서 보았던 쇼에 대해 이야기를 하다 보니 공감대도 형성되고 재미있었다. 만약 합격하면 언제 입학할 것이냐고 교수가 물어봐서 영어공부를 좀 하고 일 년 뒤에 오겠다고 하니 영어공부 더 할 필요 없을 것 같다고 조금만 더 연습해서 그냥 일찍 들어와도 되겠다고 해주었다.

인터뷰는 정말 편안하게 잘 봤다. 시험을 전부 편하게 봤지만 붙을 것이란 확신은 없었다. 시험 보는 동안 교수들이 아예 무표정이었기 때문이다. 하지만 뜻밖의 결과가 나와서 매우 놀랐다.

한국의 음대 탈락생이 어떻게 버클리 전액 장학생으로 붙을 수 있을까? 버클리에서 나를 합격시켜 준 이유는 교수에게 물어봐야 알겠지만, 내 생각으로는 여러 가지의 시험을 통해 음악적 발전가능성을 본 것 같다. 내가 생각하기에는 한국에서는 바이올린으로 음악을 잘 연주하는지를 봤다면 버클리에서는 음악을 잘 표현하는지, 음악적 감각이 있는지를 보았던 것 같다. 음악적 재능이 있다면 배우면 잘 할 것이라는 생각 때문이었을까?

배울 수 있는 기회를 주는 버클리 음대는 정말 감동이었다. 나는 바이올린을 중3때부터 제대로 시작했던 터라, 서울에서 어렸을 때부터 제대로 배운 아이들에 비해 잘 하지 못했다.

여유 있게 테크닉적인 부분을 구사해야 하는데 연습을 해도 그 섬세함과 클래식곡에서 요구하는 아름다운 음색을 내기에는 많이 부족하였다.

내가 표현하고 싶은 것을 하기에는 바이올린 기술이 내 마음처럼 안 따라 주어서 짜증이 났다. 게다가 나는 클래식을 썩 좋아하지 않는다.

열심히 하면 모든 것을 다 이뤄낼 수 있다는 공식은 맞는 말이지만 그것도 어느 정도 시간을 가졌을 때의 이야기인 것 같다.

작곡을 하면서 알게 된 것은 나는 바이올린을 하고 싶었던 것이 아니라 음악을 하고 싶었던 것이었다는 것이 확실해졌고, 내 음악을 작곡하고 거기에 내 마음을 싣는 것이 나에게 더욱 맞다는 것을 알게 되었다. 오히려 바이올린을 시작했을 때보다 더 늦은 시작임에도 더욱 재미있고 짜증나지가 않았다.

부록

Mind Up 교육

Mind Up 교육의 정의

Mind Up이란 '마음을 넓힌다"의식을 키운다.'라는 의미이다. '마음을 넓힌다.', '의식을 키운다'는 뜻은 개체마음을 전체마음으로 전환 또는 확장하는 것을 뜻한다.

Mind Up 교육의 목표

인간이 자신의 기억된 생각을 다 버리고 나면 내면에서 걸림이 없이 자유로운 허공의 마음을 찾게 되는데 이것이 인간의 본래 마음이다. 이 마음은 전체 마음으로 '너', '나'가 없는, 상대성이 없는 마음이기에 긍정과 상생으로 살아갈 수 있도록 한다.

Mind Up 교육의 원리

1) 양심(良心)의 원리

양심이란 '어떤 일에 대해여 옳고 그름, 선과 악을 구별하는 도덕적 의식'이란 의미에서 더 나아가 '인간 본래의 깨끗한 마음 그 자체'를 일컫는 말로서, 내가 만든 개체마음과 상반되는 의미이다. 양심의 입장으로 돌아갔을 때 자기를 객관화하여 바라볼 수 있고 상대의 입장을 이해할 수 있으며, 비로소 진정한 자기 성찰을 이룰 수 있는 것이다.

2) 자각(子閣)의 원리

기억된 생각을 양심의 관점에서 떠올리다 보면 개체마음이 자신을 힘들게 한 주원인이며 버려야 할 마음임을 스스로 깨닫게 된다. 그와 동시에 입장의 전환이 이루어지고 전체 마음이 드러나게 된다.

3) 자성(自省)의 원리

스스로 자신의 삶을 돌아보고 버렸을 때 개체마음이 버려짐을 내면에서 깨닫게 된다. 자신의 삶은 자기만이 알고 있는 한 편의 영화이므로, 자기 스스로 성찰했을 때 그 필름이 지워지게 되는 것이다.

4) 발현(發現)의 원리

자신이 개체 마음을 버린 만큼, 본래 있던 전체마음이 드러남을 인지하게 된다. 전체마음은 밖에서 생겨나는 것이 아니라, 본래 내 안에 존재하고 있었음을 스스로가 알게 되는 것이다.

5) 자행(自行)의 원리

개체 마음이 버려지고 전체 마음이 드러난 만큼 저절로 행동과 습관이 바뀌게 되는 것을 경험하게 된다. 행동이나 습관은 마음의 작용이므로, 전체마음이 드러나면 전체를 위한 행동으로 자신의 습관이 바뀌게 되는 것이다.

Mind Up 마음 비우기

마음비우기

뇌에 의한 마음은 세상에 적응하고 진화하기 위해 형성된 것으로서 단지 하나의 작용일 뿐이다. 그런데 그 작용이 일어났다가 사라지는 것이 아니라 의식, 무의식 깊숙이 각인되므로 문제가 된다. 의식, 무의식 속에 각인되어 있는 기억된 생각, 관념을 보통 마음이라 한다. 이렇게 각인된 마음은 되풀이되고 습관화되어 현실생활에 문제를 일으키게 된다.

이 기억된 생각을 버리는 것이 바로 마음을 버리고 비우는 것이다. 기억된 생각을 버린다고 했을 때 기억 자체가 없어지는 것이 아니라 기억과 함께 저장된 느낌, 감정이 없어지며 생각이 바뀐다는 뜻이다. 기억된 생각을 떠올려 반복적으로 지워나가고 행동으로 습관을 바꿔나가면 과거에 매이지 않고 누구나 자신감 넘치고 긍정적이며 진취적인 삶을 살아갈 수 있게 된다.

마음비우기 과정

마음비우기 과정은 성찰, 반성, 통찰, 통합의 4단계로 이루어져 있다.

1) 성찰 : 객관적 입장에서 마음을 바라본다

보통 사람은 마음속에서 일어나는 생각과 느낌, 감정을 자기라고 여기고 사는 경향이 있다. 마음에서 일어나는 수많은 생각과 느낌 감정을 자기와 동일시하고 있어서 스트레스와 괴로움에서 벗어나지 못한다.

마음에서 일어나는 현상을 마치 제삼자의 입장에서 보듯 관찰자의 입장에서 지켜본다. 관찰자의식에서 보면 마음에서 일어나는 기억된 생각은 실재하는 것이 아니라 살면서 만들어진 관념. 즉 경험정보일 뿐이다. 그것은 항상 존재하는 것이 아니라 해석에 따라 달라지며 있다가 없어질 것이다.

마음속에서 일어나는 생각, 느낌, 감정을 자신과 동일시하지 않고 다만 있다가 없어지는 마음의 현상, 마음의 작용일 뿐인 것으로 본다.

2) 반성 : 왜곡된 기억과 상처의 감정을 다스린다
(1) 왜곡되거나 치우친 마음을 다스리기

평소 우리 마음은 잘못되고 왜곡된 기억, 경험정보를 그대로 답습하며 살아간다. 슬픔이나 분노 등의 감정은 우리의 왜곡된 기억된 생각에서 나온다. 반성은 이러한 왜곡된 기억된 생각에 치우친 우리의 마음을 다시 맑고 깨끗한 상태로 돌리는 것이다.

양심과 본성에 비추어 마음을 다스려 나간다. 각 사람이 가진 마음의 근본 성질을 본성(本性)이라고 한다. 양심은 본성을 바탕으로 하여 만들어진 마음이나 우리가 흔히 말하는 양심은 마음속에 입력된 사회적 규범인 관습, 도덕, 윤리, 법률 등이 정해놓은 기준을 따르려는 마음이다.

일반적으로 양심이란 선한 마음이라고 생각하지만, 그것은 절대적인 기준이 되지 못한다. 비록 작은 것이라도 남의 것을 몰래 가지면 양심의 가책을 받는 사람이 있는가 하면, '그 정도는 도적질이 아니다. 악한 일이 아니다.'라고 대수롭지 않게 생각하는 사람도 있다.

사람들은 각자의 양심에 따라 '이것이 옳다. 저것은 틀리다'하면서 선악 간에 옳고 그름을 판단하며 살아가지만 어떤 환경 속에서 어떻게 가르침을 받았느냐에 따라 저마다 생각하는 선악의 판단 기준이 다르다. 이렇게 양심은 사람마다 다르고 시대와 나라, 그리고 문화와 지역에 따라 많은 차이가 있어서 선악을 분별하는 절대적인 기준이 될 수 없다.

우리가 흔히 이야기하는 양심의 뜻 외에 더 근본적이고 중요한 양심은 본성을 얘기하는 것이다. 본성은 시대나 장소 민족을 떠나서 보편적이며 변하지 않는 마음이다.

객관적 관찰자의 입장에서 마음의 현상을 있는 그대로 보며 원인과 결과를 생각한다. 마음의 현상은 인과에 의해 움직인다. 돌아보기를 통해 마음작용의 과정을 지켜보면서 잘못된 인과가 형성된 것이 있다면 그것을 있는 그대로 받아들이고 이 순간 바른 마음작용을 선택해서 올바른 인과를 얻도록 한다.

(2) 상처 해소하기

마음속에 억압되고 상처받은 감정이 쌓여있다면 삶이 즐겁거나 행복하지 않다. 과거 경험에서 형성된 그 감정들을 해소하지 않으면 '무기력, 의욕상실, 우울감'같은 더 무거운 감정들의 지배를 받아 내 의지대로 살아갈 수 없다. 따라서 반드시 과거의 상처, 억눌리고 억압시킨 감정을 기억 속에 끄집어내어 바르게 풀고 해소하는 것이 중요하다.

많은 사람이 내가 어떤 사람인데, '내가 누구인데?'라는 마음 때문에 감정을 억누르고 억압시키게 된다. 이렇게 속에 억눌러 쌓아놓은 감정이 배출구를 찾지 못하면 언젠가는 터져 나와 나를 공격하거나 상대를 공격하게 된다. 이렇게 과거의 억압된 감정은 성숙한 인격으로 자라지 못하게 된다.

억압된 감정의 대부분은 우리가 직면하고 싶어 하지 않은 고통스러운 기억으로부터 온다. 따라서 과거 기억을 떠올려 그 일이 일어났을 때처럼 그때로 돌아가 억눌렀거나 상한 감정을 꺼내어 풀어내고 해소한다.

3) 통찰
개체마음은 사실이 아니며 그저 마음속의 현상일 뿐임을 통찰한다. 마음속에 일어나는 생각, 감정은 마음의 작용일 뿐이므로 거기에 휩쓸리지 않고 그 마음의 작용을 관찰하고 알아차린다. 그것은 원래는 없는 것이며 잠시 마음속에 나타났다가 다시 없어질 것이며 그것을 자기라고 여겼던 습관에서 벗어나 마음속에서 고요히 지켜보고 아는 마음이 본래의 나라는 것을 통찰한다.

기억된 생각은 나가 아니다. 그것은 머릿속에 저장된 하나의 관념일 뿐임을 알고 그것은 본래는 없었음을 인지하고 자각한다. 마음속에서 '나'라는 생각마저도 과거 경험기억에 의해 생겨났을 뿐 본래는 없는 것임을 인지, 자각한다.

우리가 평상시 나라고 하는 것도 알고 보면 과거 경험의 학습된 자기에 다름 아니다. '나는 이런 사람이다 저런 사람이다'라고 하며 마치 고정된 자기가 있는 것처럼 여기고 살지만 그것은 사실은 과거 경험의 기억에서 나오는 생각, 관념에 지나지 않는다.

예를 들어 내 이름은 무엇이고, 나는 몇 살이고, 누구의 가족이고, 어디에서 태어났고, 어떻게 생겼고, 성격이 어떻고 하는 등등은 경험정보이지 그 자체가 나는 아니다. 그러나 사람은 그 기억된 생각을 자기라고 동일시하려한다.

우리는 경험정보에 의해 만들어진 자기를 진짜 나라고 여기고 그 자기에 집착하고 절대 바꾸려 하지 않는다. 그래서 항상 그 자기에게 끌려 다니고 산다. 부끄러운 자기, 부정적인 자기, 무기력한 자기, 열등감에 빠진 자기, 죄책감에 시달리는 자기 등 이런 기억을 자기라고 동일시하기에 과거를 벗어나지 못하고 과거를 반복하며 살아가게 된다. 상대라고 하는 것도 마찬가지다.

'저 사람은 이래, 저래'하고 평가하지만, 이는 실제의 상대가 아니라 과거 경험에서 학습된 나의 기억된 생각일 뿐이다. 생각, 감정, 느낌과 같은 마음속의 대상이 일어나는 것을 주시하여 보고 있는 의식이 있음을 체험한다. 마음속 대상은 변하고 사라지지만 마음속에 변하지

않으며 항상 고요하고 텅 비어 있으나 마음을 주시하고
있는 관찰자 의식을 확연히 체험한다.

4) 통합 : 자아발견(自我發見)

'이 모든 것을 버리고도 남는 나는 누구인가'를 응시
하다 보면, 개체 마음 아닌 전체 마음을 깨닫게 된다. 전
체마음은 너, 나가 독립적으로 분리되어 있다는 생각이
없는, 우주 전체가 하나라는 마음상태이다. 전체마음과
나 사이에 경계나 구분이 없어진 마음이다.

마음비우기의 효과 및 의의

마음을 비우고 나면 자기 내면에서 본래의 마음이 저
절로 스스로 드러나게 된다. 검은 구름이 걷히면 파란 하
늘이 드러나는 것과 같은 효과이다. 기억된 생각과 감정
이 없어지면서 텅 빈 마음을 느끼게 된다. 그 순간 마음
과 의식의 확장이 일어난다. 너와 나의 경계가 본래 없는
마음, 우주심을 느끼게 된다.

Mind Up 부모 인성교육의 실제

The Ugly Duckling Mind Up!

Mind Up 부모 인성교육의 원리

행복한 부모는 자녀를 행복하고 주도적인 사람으로 기를 수 있다. 그러나 부모가 행복하지 않으면 자녀 양육에 대한 많은 정보를 알고 있어도 실행에 옮기기 어렵기 때문에 자녀를 행복하게 만들기가 어렵다.

마음속에 해소되지 않은 상처가 가득한 사람은 마음과 행동으로 자녀에게 영향을 미친다. 반면, 마음이 건강한 부모, 긍정적인 사고를 하는 부모는 아이들을 행복의 길로 안내할 수 있다. 부모 자신이 스스로 행복해지지 않으면 자녀를 양육하거나 교육함에 있어서 자녀에게 지속

228

적인 사랑을 주기가 어렵고 자제력을 유지하기도 힘들기 때문이다.

아이와 시간을 함께 하는 부모, 아이에게 항상 웃어주는 부모, 핀잔보다는 격려를 해 주는 부모, 아이에게 자유를 주는 부모는 부모 자신이 스스로 행복해지지 않으면 안 된다.

아이들은 부모라는 거울을 통해 세상을 배우고 자신의 모습을 만들어간다. 부모가 자신을 향해 웃어주고 잘 반응해 주면 아이는 자신이 자랑스럽고 소중한 존재라 생각하며 자라게 되나, 반대로 부모가 웃어주지도 않고 관심이 없는 것처럼 보이면 아이는 자신이 중요하지 않은 존재라 생각하며 자라게 될 것이다.

1) 부모의 성장기 환경은 부모의 인격 형성을 좌우한다.
2) 부부 갈등은 자녀에게 부정적인 환경 요인이 된다.
3) 부모가 행복해지면 자녀 교육이 쉬워진다.
4) 자녀가 원하는 사랑을 주는 것이 참사랑이다.
5) 부모의 부정적인 감정이 해소되어야 자녀를 긍정적인 마인드로 전환시킬 수 있다.
6) 자녀가 스스로 자신의 마음을 이끌어 낼 수 있도록 도와주는 부모가 되어야 한다.

The Ugly Duckling

미운오리새끼

나는 무엇을 믿고 있는가?

어떤 선택을 해야 할 때마다 필자는 해답을 찾기 위해 며칠이고 자신을 성찰하는 시간을 갖곤 했다. 생각과 성찰은 분명 다르다. 생각은 지혜를 주지 못하지만 성찰이란 근본부터 되짚어 보기에 지혜로운 결정을 내리게 해준다.

남편과의 재결합을 많은 사람들 앞에서 약속하고 실행하면서 죽을 것처럼 괴로웠을 때, 아이가 잘 다니던 학교를 휴학하고 입시에 실패한 후, 다시 다니다가 그만 두고 버클리 음대를 준비한다는 것을 허락할 때도 나는 믿었다. 내가 지금은 죽을 것처럼 괴롭지만 이런 괴로움을 넘어서는 것이 곧 사는 길이고 모두가 행복해지기 위한 선택이라는 것을 믿었던 것이다.

Mind Up 교육 이전에는 같은 생각의 반복이었다면, 교육 이후는 되짚어 보는 성찰이 가능해졌다. 놓는 방법을 알았기 때문이다.

이 글을 읽는 여러분은 가장 소중한 것이 무엇인가요?

어느 연예인이 방송에 나와 이런 말을 했다.

"내가 지금 당장 죽는다고 생각하고 가장 소중한 것들을 적어본 후 하나씩 지워가는 과정에서 가장 마지막까지 지울 수 없는 것이 자식이었다."

필자도 마찬가지이고, 절대다수의 사람들도 마찬가지이다. 사랑도 버리고 여자로서의 행복마저도 버릴 수 있었던 것은 더 소중한 자식이 있었기 때문이다.

그러나 그 자식마저도 놔버려야 할 순간이 있다. 그때마다 너무나 힘든 시간을 견디며 더 큰 그림을 보기 위해 나를 비워내야 했다. 그래야 큰 그림이 보이기 때문이었다. 그 그림이 바로 순리라고 표현해도 전혀 틀린 말이 아니다.

부모는 자식보다 먼저 이 세상을 떠나기에 평생 안고 있을 수는 없다. 그 놔버려야 할 시기가 적절해야 아이가 잘 되는데, 그 시기를 태어나면서부터라고 하면 필자를 질타하실 분들이 있을 것이다. 그러나 놔버리라고 하는 의미를 잘 새겨봐야 할 것이다. 놓는다는 것은 집착을 버린다는 뜻이다. 그래야 아이들이 순리대로 살 수 있다.

사람들은 하고 싶은 대로 하는 것이 순리라고 생각하기 쉽다. 그러나 그렇지 않을 때가 더 많다. 인간 모두가 순리대로 살아왔다면 범죄나 상처받는 사람이 없어야 하기 때문이다.

현재 필자나 딸아이나 조금 힘든 시간을 겪고 있다. 아이가 마치 자신이 잘나서 좋은 학교에 장학생이 되었다고 생각하고 있기 때문이다.

인간이란 참으로 나약한 존재이다. 오늘 밤이라도 내 생명이 다할 수 있는 나약한 존재인데 세상을 다 얻은 듯한 자신감이 너무 팽배해져 있는 딸의 모습을 보면, 나이는 속일 수 없다는 생각이 든다. 이것이 인생의 끝이 분명 아닌데 말이다.

필자는 Mind Up 교육을 오랜 기간 받으면서 순리가 무엇인지 조금은 알게 되었다. 순리를 따르는 것이야말로 인간이 스스로 "고(苦)"를 만들지 않는 것이다.

그렇다면 '어떠한 것이 순리냐?'를 따져 봐야 한다. 어떤 선택이 순간 괴로움을 주게 된다면 보통은 그것을 포기한다. 그러나 고통을 주는 선택이 오히려 순리인 경우가 많다….

인간은 어떠한 고통을 피했다 하더라도 다른 어떤 형태로든 더 큰 고통이 찾아오게 된다. 매도 먼저 맞는 것이 낫다고 작은 고통을 잘 이겨낸 사람은 그 무엇과도 바꿀 수 없는 경험치가 쌓이고, 그 경험치는 당신의 앞날에 나침반이 될 것이다.

현재 나는 아직도 성장하고 있다. 미운 오리새끼를 백조로 키워 먼 나라로 유학 보내면서도 몇 가지 걱정이 든다. 이제 어떻게 해줄 수도 없으면서 걱정하는 그 마음이 집착임을 알기에 이제 그 마지막 집착을 내려놓고자 한다.

진로적성&마인드컨트롤

공영일 지음   18,000원

진로적성이 왜 중요한가?!
인생을 잘 굴러가게 하는 에너지의 근원이기 때문이다.
그렇다면 요즘 취업스펙의 중요요소인 학점, 토익, 자격증, 경력, 봉사, 수상 중에서 무엇이 제일 중요할까? 취업하는데 있어서 가장 중요한 스펙은 아쉽게도 전부이다. 하지만, 이 전부를 조정하는 것은 자신의 마음이다. 마음을 컨트롤하는 이만이 진정한 스펙을 갖추게 된다.

간호장교

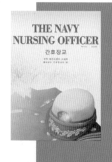

서정복 지음   11,000원

간호장교를 한 번도 본적이 없는 예비역들이라면, 군생활을 건강히 잘마친 것이다. 우리 간호장교의 얼굴을 보게 된 장병들은 아쉽지만 아픔을 겪게 된 군인들이다.
간호장교는 장병들의 누나가 될 수는 없다.
하지만! 그들은 간호장교의 존재만으로 많은 평안을 가진다. 이것이 모든 간호장교가 노력하는 나이팅게일의 마음이다

등산학개론

윤치술 지음   21,000원

헤엄은 누구나 칠 수 있지만, 수영은 배워야 할 수 있다. 등산도 이와 같다!
우리는 산을 너무 쉽게 생각한다.
우리네 생활 속에 가까이 있기 때문이다. 한비자는 말했다.
"사람이 태산에 걸려 넘어지는 일은 없으나 개미무덤에 걸려 넘어진다."
배우는 산을 통해 느끼는 산이 되어야 함이다.

Michael window

마이클박 지음   12,000원

Michael Window(마이클의 창으로 바라보는 세상)은 호주 시드니로 이민을 간 저자가 이민생활의 이야기를 진솔하고 재미있게 써내려간 책이다.
1982년 호주에 왔을 때만 해도 내가 이곳에 뼈를 묻을 줄은 꿈에도 몰랐다.
갈까 말까하다 눌러 붙은 곳. 그날 이후 내시간과 영혼은 멈춰버렸다. 언어도 습관도 행동도, 그리고 그리움도… 나의 사춘기는 아직 끝나지 않았다.

미운오리새끼

초판 1쇄 발행일 : 2015년 5월 20일
초판 2쇄 발행일 : 2015년 10월 20일

지은이 / 백해경
펴낸이 / 황현수
표지 디자인 / 김금순
일러스트 / 오정호
편집 디자인 / 김종연
교정 / 윤승환
펴낸 곳 / 도서출판 향지
주소 / 서울 관악구 행운동 1686-12 금강빌딩 4층
전화 / 02) 762-2447
팩스 / 070) 4223-2447
홈페이지 / www.pitibook.co.kr

ISBN 978-89-94801-92-6 03190